Johann Lafer kocht
mit Kräutern und Gewürzen

INHALTSVERZEICHNIS

Vorwort ——— 7

Die faszinierende Welt der Kräuter und Gewürze ——— 8

Heissbegehrt und stark umkämpft ——— 8

Kleines Kräuter- und Gewürzlexikon ——— 10

Gewürze einkaufen, lagern und verarbeiten ——— 24

Tips zu den Rezepten ——— 27

Vorspeisen ——— 28

Kleine Gerichte ——— 44

HAUPT-
GERICHTE _____ 70

DESSERTS _____ 116

REZEPT-
VERZEICHNIS _____ 126

VORWORT

Liebe Kochfreunde,

dieses Buch ist all denjenigen gewidmet, die sich nicht mit dem einfachen Kochen zufriedengeben, sondern stets auf der Suche sind, neue Kreationen zu schaffen und die Düfte und Aromen aus aller Welt in ihrer Küche zu vereinen. So meint man die lauten Stimmen arabischer Händler auf einem orientalischen Basar zu hören, die ihre Ware feilbieten, wenn man sich mit dem Duft von frisch gemahlenem Piment oder Pfeffer umgibt.
Meine Philosophie war es schon immer, mit einfachen Mitteln unvergeßliche Kocherlebnisse zu schaffen. Kräuter und Gewürze eignen sich hierfür ideal, denn mit ihrer Hilfe lassen sich im Handumdrehen zahlreiche internationale Köstlichkeiten zaubern.
In diesem Buch habe ich für Sie ausgewählte Rezepte zusammengestellt, bei denen immer ein bestimmtes Gewürz oder Küchenkraut im Mittelpunkt steht. Ob Oregano nun die Sonne Italiens scheinen läßt oder Chili dem Gericht feurige Schärfe verleiht – ich bin sicher, daß auch Sie Ihr Lieblingsgewürz entdecken werden.
Als Tip möchte ich Ihnen noch verraten, möglichst frisch gemahlene Gewürze zu verwenden, da sie nur so ihr volles Aroma entfalten können.
Ich wünsche Ihnen nun viel Spaß bei Ihrer Reise in die abenteuerliche Welt der Gewürze, die schon seit Urzeiten die Herzen der Menschen höher schlagen lassen. Sie werden etwas über die Historie dieser Pflanzen erfahren, über ihr Aussehen, ihr Herkunftsland und vieles vieles mehr. Und Sie werden anschließend hoffentlich genauso begeistert sein wie ich.

Guten Appetit und gutes Gelingen

Ihr

Johann Lafer

Die faszinierende Welt der Kräuter und Gewürze

Heissbegehrt und stark umkämpft

Die Geschichte der Kräuter und Gewürze ist faszinierend und abenteuerlich. Sie beide begleiten die Menschen schon seit Urzeiten, waren Grund für Eroberungsfeldzüge, Verrat und Krieg. Teurer als Edelsteine, waren Gewürze ein Zeichen von Reichtum und als Handelsobjekt von größtem Wert. Gewürze übernahmen die unterschiedlichsten Funktionen für die Menschheit. Sie waren Zahlungsmittel, Kapitalanlage, Tributzahlung, Aussteuer, kultische Opfergabe, Heilmittel gegen diverse Krankheiten, Färbemittel (z.B. Safran), Schutz vor bösen Geistern (z.B. Knoblauch), Duftspender, Aphrodisiakum und natürlich Würzmittel vieler Speisen und Getränke. Sie sind wichtig für jedes erdenkliche Gericht und noch immer von unschätzbarem Wert. Ihnen verdanken wir den Geschmack unseres Lieblingsgerichtes oder Linderung von Schmerzen und Beschwerden.

In Asien, Arabien und im Mittelmeerraum, den Ursprungsländern, wurden Gewürze schon vor Tausenden von Jahren verwendet. Alte Zivilisationen benutzten bereits Kümmel, in der Bibel tauchen viele Gewürze auf, und Chinesen kannten Soja und Kassis schon 3000 Jahre vor Christus. Der Handel mit Gewürzen begann, als die Römer im 1. Jahrhundert nach Christus das erste Mal nach Indien segelten. Sie waren so angetan von den dort heimischen Gewürzen, daß sie viele davon mitbrachten, um sie für Medikamente, Parfüms und Würzmittel in der Küche zu verwenden. Gleichzeitig erlangte die Seidenstraße, der legendäre Überlandweg nach China, als Handelsstraße große Bedeutung. Sie führte von der chinesischen Stadt Chang'an nach Westen, durch Persien bis hin zum Mittelmeer. In Rom waren vor allem Pfeffer, Ingwer und Gelbwurz (Kurkuma) die Favoriten aus dem Morgenland. Konstantinopel (das heutige Istanbul) wurde Zentrum des Gewürzhandels. Als die Araber 641 nach Christus Alexandria eroberten, nahm der Gewürzhandel von Ost nach West ab. Es gelangten nur noch sehr wenige Gewürze nach Europa. Sie waren sehr teuer und nur für den Adel oder die Kirche erschwinglich. Erst im 11. Jahrhundert blühte der Handel wieder auf – Grund waren die zahlreichen Kreuzzüge dieser Zeit. Venedig und Genua wurden damals die wichtigsten Gewürzlieferanten, da die Gewürze aus Indien über See nach Arabien geschickt wurden, wo die kostbare Fracht über Land nach Alex-

Einleitung

andrien ging und von dort aus auf Schiffen zu diesen beiden italienischen Hafenstädten transportiert wurde.

Dieses venezianische Monopol am Gewürzhandel war dem spanischen und portugiesischen Königshaus ein Dorn im Auge. Außerdem wollte man zu den sagenumwobenen Gewürzländern gelangen, ohne stets die lebensgefährliche und beschwerliche Reise mit der Karawane durch Vorder- und Kleinasien antreten zu müssen. 1492 segelte Christoph Columbus im Auftrag der spanischen Krone los, um den direkten Seeweg nach Indien zu erkunden. Dabei stieß er statt dessen auf Amerika, von wo er Vanille, Paprika und Piment mitbrachte. Erst 1498 eröffnete schließlich Vasco da Gama den Seeweg um das Kap der Guten Hoffnung und brachte 1503 mit dreizehn Schiffen 5 Millionen Kilogramm Gewürze mit nach Portugal. Der direkte Seeweg nach Indien war entdeckt, und der Handel florierte international besser denn je zuvor!

Mit der Nutzung neuer Seewege nach Osten begann ein neues Kapitel im Gewürzhandel. Endlich war das venezianische Monopol durchbrochen und die Vormachtstellung ging an Portugal über. 1510 lieferten sich die Portugiesen auf Goa und

Ceylon mit den Arabern, die bis dahin den Gewürzhandel im Indischen Ozean kontrollierten, heftige Schlachten. Sie beuteten die Zimtwälder aus und versklavten die Arbeiter, um sich so ein gewinnträchtiges Handelsmonopol aufzubauen.

Erst mit Gründung der berühmten holländischen Ostindischen Handelskompanie ging auch die Ära und Blüte des Portugiesischen Reiches zu Ende. In blutigen Kämpfen brachten die Holländer die kostbaren Anbaugebiete der Gewürze in ihren Besitz. Schließlich jedoch vertrieb England, als bedeutendste Kolonialmacht dieser Zeit, die Holländer aus Ostasien und zog nun seinerseits wirtschaftlichen Nutzen aus der großen internationalen Nachfrage nach Gewürzen. Noch heute ist London einer der bedeutendsten Umschlagplätze für Gewürze aus dem asiatischen Raum und aus Amerika.

Erst im 19. Jahrhundert besaß kein europäisches Land mehr ein Gewürzmonopol. Die Preise konnten sich endlich stabilisieren, und Gewürze wurden für jedermann erschwinglich. Heute sind die USA der bedeutendste Gewürzimporteur überhaupt, gefolgt von Deutschland, Japan und Frankeich.

Wenn man nun heute im Lebensmittelgeschäft vor dem Gewürzregal mit seiner ganzen Fülle steht, dann fällt es einem schwer zu glauben, daß es Zeiten gegeben hat, in denen man auf diese wichtige Aromaten verzichten mußte. Grund genug, Kräuter und Gewürze zu schätzen und mit Bedacht mit ihnen umzugehen.

Kleines Kräuter- und Gewürzlexikon

Bei Gewürzen handelt es sich in der Regel um frische oder getrocknete Pflanzenteile, die zumeist aus Tropenpflanzen gewonnen werden. Sowohl Blätter, die sogenannten „Kräuter", als auch Samen, Blüten, Rinden oder Wurzeln verwendet man zum Würzen von Speisen. Eingeteilt werden Gewürze in die 5 folgenden Gruppen:

▶ Blatt- und Krautgewürze, zum Beispiel Thymian, Rosmarin und Majoran
▶ Frucht- und Samengewürze, zum Beispiel. Pfeffer, Muskatnuß und Anis
▶ Rindengewürze, zum Beispiel Zimt
▶ Blütengewürze, zum Beispiel Safran und Nelken
▶ Wurzelstock/Zwiebelgewürze, zum Beispiel Knoblauch und Ingwer

Gewürze steigern durch ihr Aroma nicht nur den Genuß beim Essen. Durch ihren Gehalt an ätherischen Ölen, Spurenelementen und Mineralstoffen beeinflussen sie auch die biologischen Funktionen des Körpers. So sind sie gut für die Gesundheit und fördern die Verdauung.

Die Welt der Kräuter und Gewürze ist bunt und schillernd. Exotische Namen, wie Kardamom, Piment oder Kurkuma, erinnern an ihre Herkunftsländer und ihre Geschichte, lassen den Käufer aber oft ratlos vor dem Gewürzregal auf- und abgehen. Das nachfolgende kleine Lexikon soll Ihnen die wichtigsten Kräuter und Gewürze aus aller Welt näherbringen.

Einleitung

Anis *(pimpinella anisum)*

Anis ist eines der ältesten Gewürze in der Geschichte der Menschheit. Ursprünglich stammt er aus dem östlichen Mittelmeerraum, heute wird er hauptsächlich in Spanien, Indien, Ungarn und Deutschland angepflanzt.

Die Pflanze hat cremeweiße Blüten, ähnlich aussehende Blätter wie Koriander und wird etwa 60 cm hoch. Das Gewürz gewinnt man aus den getrockneten Samen dieser Pflanze. Geruch und Geschmack von Anis sind süßlich-fruchtig und erinnern an den von Lakritze. Da das Aroma sehr intensiv ist, sollte Anis möglichst sparsam verwendet werden.

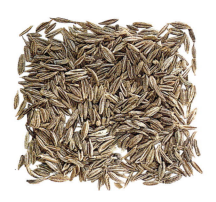

Schon im Mittelalter war Anis als angeblicher Potenzförderer sehr beliebt. Heute hat er vor allem Bedeutung im medizinischen Bereich. Bei Erkältung und Magen-Darm-Problemen lindert Anis durch seine krampf- und schleimlösende Wirkung beispielsweise die Schmerzen. In der Küche verfeinert Anis in Deutschland hauptsächlich den Geschmack von Backwaren. Aber auch bei indischen Rezepten wird das Gewürz gerne und oft genutzt. Zudem ist Anis Bestandteil vieler Nationalgetränke, wie zum Beispiel Ouzo, dem traditionellen Anisschnaps aus Griechenland, Pastis oder Raki.

Chili *(capiscum frutescens)*

Die Heimat der Chilischoten ist Zentral- und Südamerika. Hier wurden bereits vor vielen hundert Jahren Chilis angebaut, bis schließlich durch die spanische Invasion die feurige Würze um die ganze Welt ging. Heute gibt es über 200 Chiliarten, die vor allem in Indien, Mexiko, Japan, Indonesien, China und Thailand kultiviert und von dort exportiert werden. Chili ist eines der meistangebauten Gewürze und in vielen Ländern gleichermaßen geschätzt. Im Handel findet man frische, getrocknete und zerstoßene Chilischoten. Zu Pulver vermahlen, kennen wir sie als Cayennepfeffer.

Die einzelnen Chilisorten variieren sehr in Optik und Geschmack. Es gibt sie in diversen Formen, Größen und Farben. Reif geerntet sind Chilischoten rot, gelb, orange- oder violettfarben, bei unreifer Ernte hingegen noch grün. Große, runde Früchte haben dabei eine mildere Schärfe als ihre kleinen, spitzen Schwestern. Zur Milderung der Schärfe empfiehlt es sich, die Schoten längs aufzuschneiden und Samen

sowie weiße Trennhäute zu entfernen. Bei der Zubereitung von Chilischoten achten Sie bitte unbedingt darauf, die Berührung der Augen oder anderer empfindlicher Stellen zu vermeiden, denn die Schärfe führt bei Körperberührung zu starken Reizungen. Frische Chilis sind reich an Vitamin C, helfen durch ihre Schärfe bei der Verdauung opulenter Mahlzeiten und bringen den Kreislauf in Schwung. In Maßen genossen sind Chilis eine gesunde Bereicherung für den Menschen. In Mengen wirken sie jedoch als Reizgift, das Darm und Magen verbrennen kann. In der Küche geben Chilis vielen Gerichten erst den richtigen Pep. Vor allem asiatische Rezepte erhalten durch diese Frucht ihre typische Würze. Achtung: Je länger Chili mitgart, um so schärfer wird es.

Curry

Es gibt keinen Currybaum und keinen Currystrauch. Vielmehr ist Curry eine Mischung mehrerer tropischer Gewürze. Die Inder sind regelrecht süchtig nach Curry – es gibt fast kein Gericht, das in der indischen Küche ohne diese gelbe Schärfe auskommt. Für jede Speise wird liebevoll eine eigene Mischung aus Kurkuma, Zimt, Nelken, Muskatblüten, Pfefferschoten, Kardamom, Ingwer und weiteren Gewürzen kreiert, ganz nach Gefühl des Kochs oder der Köchin. Auch wenn sich die einzelnen Mischungen geschmacklich durchaus unterscheiden, eines sind sie jedoch auf jeden Fall – scharf!

Currypulver ist hier in Europa seit dem 18. Jahrhundert bekannt. Britische Kolonialisten fanden damals Geschmack an der fremden und pikanten Würze und führten sie deshalb in ihr Heimatland ein. In Deutschland ist Curry heute ebenfalls eine der bekanntesten Gewürzmischungen auf dem Markt. Das hier erhältliche Currypulver ist jedoch milder als seine indischen Verwandten und differiert, je nach Hersteller und Preis, in Geschmack und Qualität.

Ingwer *(zingiber officinale)*

Schon der heilige Konfuzius, der chinesische Religionsstifter, war ein Freund der Ingwerknolle und schätzte ihre wärmende Wirkung. Als Allheilmittel wurde Ingwer genutzt, um schlechte Gerüche zu vertreiben, z.B. in Potpourris oder in Duftgestecken. Aber auch als Aphrodisiakum erfreute er sich großer Beliebtheit. Ursprungsland des Ingwers ist das tropische Asien, wo das Gewürz schon seit über 3000 Jahren angebaut und leidenschaflich zum Würzen verwendet wird. Die Ingwerpflanze wächst im Halbschatten an Hängen und wird bis zu 1 m hoch. Die Blätter sind spitz und schmal und die Stile sehr schlank. Ingwer wird aus der Wurzel dieser Pflanze gewonnen. Da sich die Ingwerknollen gut transportieren ließen, verbrei-

Einleitung

tete sich dieses Gewürz recht schnell auch in anderen Ländern und auf anderen Kontinenten. Es war somit eines der ersten orientalischen Gewürze, die im Westen bekannt wurden. Richtig heimisch wurde Ingwer dort allerdings nie. Und so wird er heute hauptsächlich in Indien, China, Japan, Hawaii und Afrika produziert. Ingwer ist frisch, getrocknet und gemahlen im Handel, aber auch auch in Essig oder Sirup eingelegt sowie kandiert. Er duftet süßlich nach Holz und hat einen scharfen, beißenden Geschmack. Er wird hauptsächlich in der japanischen und chinesischen Küche verwendet.

KARDAMOM *(elettaria cardamomum, ammomum cardamomum)*

Kardamom stammt aus dem indischen Raum und ist ein naher und sehr kostbarer Verwandter des Ingwers. Nach Safran und Vanille ist es eines der teuersten Gewürze. Die Kardamompflanze hat lange grüne Blätter mit weiß-lila gefärbten Spitzen. Sie trägt weiße, braune oder grüne Früchte, aus deren Samen das Gewürz gewonnen wird. Schon lange vor Christi Geburt waren Kardamomsamen ein Zeichen von Luxus, und der Genuß galt als etwas ganz Besonderes. Auf Karawanen gelangten die Samen nach Europa, wo ihnen besonders die alten Griechen und Römer zum Erfolg verhalfen. In diesem Fall jedoch weniger als Gewürz, sondern vielmehr als Zusatz in Parfüms sowie als Arzneimittel bei Verdauungsbeschwerden. Kardamom wächst auch heute noch wild in den Regenwäldern Südindiens und Sri Lankas. Angebaut wird er in großen Mengen in Vietnam, Guatemala und Tansania.

Der Geschmack von Kardamom erinnert anfangs an den von Eukalyptus – er ist bitter und stark. Später schmeckt er jedoch wärmend und süßlich angenehm. Aufgrund seines interessanten Geschmacks ist Kardamom ein sehr beliebtes Gewürz in der asiatischen Küche. In Europas Küchen findet man ihn hauptsächlich in Schweden und Rußland. Das ungewöhnliche Gewürz paßt gut zu Backwaren und Brot sowie zu Nachspeisen und Obstgerichten. Es ist Bestandteil vieler Wurst-Gewürzmischungen und Currypulver. In Arabien wird Kardamom traditionell dem landestypischen Kaffee beigemischt.

KNOBLAUCH *(allium sativum)*

Ursprünglich war die Knolle in Zentralasien beheimatet, heute wird sie in der ganzen Welt kultiviert. Hauptanbauländer sind die USA, Osteuropa, Indien und China. Der Knoblauch gehört in die Familie der Liliengewächse.

Die Pflanze wird etwa 70 cm hoch und hat flache, breite Blätter und weißrosafarbene Blüten. Die Wurzel (die uns bekannte Knoblauchknolle) besteht aus mehreren hellen Zehen, die von einer weißen Haut umgeben sind.

Entweder heißgeliebt oder aufgrund seines strengen Geruchs gefürchtet und gehaßt, gehört Knoblauch zu den bekanntesten und umstrittensten Würzmitteln in der Geschichte der Menschheit. Knoblauch, der „König der Gewürze" wie Pythagoras ihn liebevoll nannte, war früher ein Allheilmittel. Er sollte gleichzeitig Vampire vertreiben, Knochenbrüche und Frauenleiden heilen sowie Kraft spenden. Heute ist Knoblauch durch seine ätherischen Öle immer noch Bestandteil vieler Medikamente. Er wirkt bakterientötend und hält den Geist rege. Sein Haupteinsatzort ist jedoch nach wie vor die Küche. Besonders in der türkischen, mexikanischen, griechischen und asiatischen Küche ist Knoblauch unentbehrlich. Er verfeinert gleichzeitig Fleisch, Fisch, Gemüse oder Saucen. Das Gewürz hat einen so intensiven und eigenen Geruch, daß dieser nach dem Verzehr aus allen Körperporen dringt und erst nach vielen Stunden wieder verfliegt. Um diesen Prozeß zu beschleunigen, gab es schon immer sehr viele Geheimtips, wie zum Beispiel wurde empfohlen gleichzeitig Milch, Rotwein oder Petersilie zum Knoblauch zu verzehren. Die Tips waren vielseitig, jedoch nur mehr oder weniger brauchbar. Fest steht, daß der Geruch von gekochtem Knoblauch weit geringer ist als der von rohem, und daß im Frühling der Knoblauch besonders mild und saftig ist.

KORIANDER *(coriandrum sativum)*

Das Gewürz stammt aus der Mittelmeergegend, wird heute jedoch in der ganzen Welt angebaut. Seit über 3000 Jahren erfreut sich Koriander großer Beliebtheit. Schon in der Bibel fand das Gewürz Erwähnung, und Hippokrates, der Urvater der Medizin, schätzte seine heilende Wirkung bei Migräne und Verdauungsstörungen. Auch heute noch wird Koriander in Indien und China in der Medizin vielfältig eingesetzt.

Die Korianderpflanze wird bis zu 60 cm hoch, ihre Blätter sind hellgrün und fedrig-dünn. Aus den kleinen, weißen oder rosafarbenen Blüten, die in Dolden zusammensitzen, bilden sich die Früchte mit den Samen. Korianderblätter und -früchte unterscheiden sich in Geruch und Geschmack sehr. Das warme und orangenähnliche Aroma des Koriandersamen steht dem scharfen und bitteren Geschmack der Blätter gegenüber. Koriandersamen bereichern die Küche vieler Länder gleichermaßen. Sie passen besonders gut zu Chili und Knoblauch und geben so-

Einleitung

wohl Fleisch- als auch Fischgerichten die richtige Würze. Auch als Plätzchen- und Brotgewürz hat sich Koriander einen Namen gemacht. Aufgrund seines milden Geschmacks kann Koriander auch weniger sparsam dosiert werden, ohne geschmacklich allzu stark hervorzustechen.

KRÄUTER DER PROVENCE

Diese Würzmischung besteht in der Regel aus Thymian, Majoran, Oregano, Rosmarin und Bohnenkraut. Bei uns ist sie nur in getrockneter Form erhältlich. Da sie aus sehr kräftig und aromatisch schmeckenden Kräutern besteht, sollten Kräuter der Provence auch nur zum Abschmecken deftiger Gerichte verwendet werden. Besonders im südlichen Mittelmeerraum, dem Ursprungsland all dieser Gewürze, verfeinern sie Lamm-, Kartoffel-, Gemüse- und Tomatengerichte gleichermaßen. Ihr Duft erinnert, wie der Name schon verspricht, an einen lauen Sommerabend in der Provence und verleiht damit jedem Gericht südländischen Charme.

KREUZKÜMMEL *(cuminum cyminum)*

Das Gewürz stammt ursprünglich aus dem Orient und wurde damals vor allem in Indien, Arabien und im Mittelmeerraum angebaut. Heutzutage ist Kreuzkümmel in allen warmen Zonen verbreitet. Die schlanke Pflanze wird etwa 50 cm hoch, die Blätter sind doppelt gefiedert. Das Gewächs hat weiße oder rote Blüten, aus denen sich graubraune Spaltfrüchte bilden. Diese sind das eigentliche Gewürz. Schon im alten Rom war Kreuzkümmel ein beliebter Ersatz für schwarze Pfefferkörner. Auch zu einer Paste gemahlen, wurde es als Brotaufstrich in großen Mengen verzehrt. Kreuzkümmel wird oft mit Kümmel verwechselt. Er hat jedoch nur einen Teil des Namens und sein Aussehen mit diesem gemein. Kreuzkümmel riecht stark und schwer und schmeckt aromatisch-würzig. Man findet ihn vor allem in der Küche Nordafrikas, Indiens und des Mittleren Ostens. Aber auch die Spanier verfeinern ihre Eintöpfe mit Kreuzkümmel, und in Mexiko gibt er dem Chili con Carne den letzten Schliff. Kreuzkümmel ist außerdem Bestandteil von Currymischungen, vielen Chutneys und Würzsaucen. In Teilen Europas wird er auch als Zutat zu einigen Käsesorten verwendet.

KÜMMEL *(carum carvi)*

Als eines der ältesten Gewürze wurde Kümmel schon vor 5000 Jahren von Ägyptern und Arabern gleichermaßen geschätzt. Später verbreitete er sich fast in der ganzen Welt und war überall bekannt als Gewürz und Heilmittel – vor allem jedoch als magisches Kraut. Kümmel, davon war man im Mittelalter überzeugt, schütze

vor Hexen und anderen bösen Geistern. Und auch als Liebestrank sollte das Gewürz wahre Wunder vollbringen. Heute weiß man, daß Kümmel reich an verdauungs- und magenfreundlichen Substanzen ist.

Die 1 m große Pflanze hat hellgrüne, gefiederte Blätter und sieht daher dem Kreuzkümmel sehr ähnlich. Auch Kümmel entwickelt aus den kleinen Blüten sichelförmige, braune Spaltfrüchte. Kümmelsamen haben einen süßlichen, scharfen Geschmack, der an den von Lakritze erinnert. Sie werden in Deutschland und in der osteuropäischen Küche in der Hauptsache zum Würzen von Gemüse, Käse, Schweinefleisch, Gans oder auch Gulasch verwendet.

Kurkuma *(curcuma longa)*

Bei diesem Gewürz, oft auch Gelbwurz genannt, handelt es sich um die fingerdicke Wurzel des Kurkumabusches. Dieser stammt ursprünglich aus dem Hinterland von Madras und Bombay, aus Südchina und von den Philippinen. Mittlerweile baut man aber auch in Südamerika und Westafrika Kurkuma an.

Die Wurzel wird gebrüht oder geröstet, getrocknet und dann gemahlen. Das dabei entstehende gelbe Pulver verwendet man nicht nur zum Würzen und Färben von Speisen, sondern nutzt es auch zum Färben von Stoffen sehr gerne.

Kurkuma schmeckt würzig-scharf, hat einen leichten Bitteranteil und enthält außer ätherischen Ölen auch den gelben Farbstoff Curcumin. Das Aroma von Kurkuma erinnert ein wenig an den scharfen Geschmack des Ingwers. In der Küche ist Kurkuma oft als Bestandteil des Currypulvers anzutreffen. Zum Kochen wird er hauptsächlich in der asiatischen Küche und zum Färben von Senf, Delikateßsaucen sowie Essiggemüse verwendet.

Majoran *(origanum majorana)*

Das ursprünglich aus Indien stammende Kraut kam erst mit arabischen Händlern nach Ägypten und Tripolis. Es ist heute vor allem im Mittelmeerraum beheimatet. Den Namen verdankt Majoran den Arabern – „Marjamie" hieß „der Unvergleichbare", gemeint als Hommage an die beliebte Würzpflanze. Die Verwendung des Majorans reicht bis in klassische Zeiten zurück. Griechen und Römer glaubten, es sei das Lieblingskraut der Aphrodite gewesen. So machte Majoran Geschichte als potenzförderndes Mittel und wurde verschrieben, um liebesmüde Männer wieder in Schwung zu bringen.

Die Majoranpflanze ist etwa 30 cm hoch und besitzt weiche, graugrüne und eiförmige Blätter. Das Kraut hat ein mildes und

Einleitung

feines Aroma und duftet sehr stark. Es wirkt antiseptisch sowie verdauungsfördernd und eignet sich daher zum Würzen aller fettreichen und deftigen Speisen.

MUSKAT *(mystica fragrans)*
Die Muskatnuß wächst auf dem Muskatnußbaum. Dieser ist eine tropische Pflanze und wird bis zu 10 m hoch. Der Baum steht ständig in Blüte und trägt pro Jahr bis zu 2000 Nüsse, die dreimal im Jahr geerntet werden. Die Gewürzpflanze ist aufgrund der gleichzeitigen Produktion zweier völlig unterschiedlicher Gewürze (Muskatnuß und Muskatblüte) einzigartig. Als Muskatnuß bezeichnet man den Samenkern. Unter Muskatblüte (auch Macis genannt) versteht man den Samenmantel, der erst tiefrot, später orangefarben aussieht und die Nuß wie ein Netz umschließt. Der Muskatbaum stammt ursprünglich von den Bandainseln auf den Molukken, einer Inselgruppe im heutigen Indonesien. Mittlerweile wird er aber auch auf den Westindischen Inseln, in Sri Lanka und in Südamerika angepflanzt. Muskatnüsse und -blüten wurden im 6. Jahrhundert mit Karawanen nach Alexandrien gebracht, wo man sie als Medizin gegen vielerlei Krankheiten sehr schätzte. Heute hat man jedoch herausgefunden, daß Muskat nur in sehr geringen Dosen Heilung verspricht, z.B. bei Bronchialkrankheiten, Rheuma und Blähungen. Zu großzügig bemessen, schadet Muskat nämlich mehr als er nützt. Schon 15 g dieser kleinen Nuß lösen Herzbeklemmungen aus und versetzen Menschen in Rauschzustände. Das sollte einen jedoch nicht daran hindern, den süßen und nussigen Geschmack der Muskatnuß in sparsamen Mengen zu kosten und damit seine Gerichte zu veredeln.

NELKE *(eugenia caryophyllus, syzygium aromaticum)*
Der Nelkenbaum stammt ursprünglich von den Molukken. Heute wird er auch auf Sansibar, Madagaskar, Sri Lanka und Malaysia angepflanzt. Der schmale, immergrüne Baum wird bis zu 14 m hoch und hat glänzende, dunkelgrüne Blätter und gelbe Blüten. Die Gewürznelken werden als unreife, ungeöffnete Blütenknospen geerntet. Der Name dieses Gewürzes

wurde vom mittelhochdeutschen „Neggelin" abgeleitet, was „kleiner Nagel" bedeutet. Und tatsächlich erinnert das Äußere der Gewürznelke an einen solchen. Gewürznelken wurden schon in antiker chinesischer Literatur erwähnt. Im Mund zerkleinert sorgten sie bereits damals für frischen Atem. Nelken riechen sehr stark, und ihr Geschmack ist beißendscharf und bitter, wenn man sie zerbeißt. Da sie die Mundschleimhaut betäuben, sind Nelken auch bei Zahnschmerzen ein Hausrezept und werden oft als Essenz dem Mundwasser beigemischt. Durch Kochen wird die brennende Wirkung von Nelken gemildert, übrig bleibt ein ausgeprägtes und warmes Aroma. In der Küche verwendet man Nelken oft für Süßspeisen, aber auch zum Würzen von großen Fleischstücken und Fleischgerichten. Im traditionellen Weihnachtspunsch darf das charakteristische Nelkenaroma natürlich auch nicht fehlen.

Oregano *(origanum vulgare)*

Dieses Kraut ist der wildwachsende Verwandte des Majorans. Oregano ist in ganz Südeuropa beheimatet. Er schmeckt würzig und etwas pfeffrig. Sein Name kommt aus dem Griechischen und bedeutet „Freude der Berge" – eine sehr poetische Bezeichnung. Oregano ist vor allem aus der italienischen, französischen und griechischen Küche nicht wegzudenken. Er würzt gleichermaßen Fisch, Muscheln, Fleisch, Pizza und Käse. Doch vor allem Tomatengerichte sind ohne das volle, intensive Aroma des Oreganos undenkbar. In der Popularität hat Oregano, zumindest im Mittelmeerraum, seinen Bruder Majoran weit überholt. Aber auch hierzulande gibt man dem frischer und pikanter schmeckenden Oregano oft den Vorzug.

Paprika *(capsicum annuum)*

Paprikaschoten wurden von Columbus in Südamerika entdeckt und per Schiff mit nach Europa gebracht. Die Spanier waren somit die ersten, die die tropische Frucht auch in gemäßigtem Klima anbauten – mit Erfolg. Später gelangte die Gewürzpaprika auch nach Ungarn, wo sie noch heute einen festen Platz in der nationalen Küche einnimmt. Über Jahrhunderte hinweg entwickelte sich die Paprika, die wir auch heute kennen und genießen. Hauptanbaugebiete sind Spanien, Ungarn, Brasilien, Bulgarien und Kalifornien.
Paprika hat ein mildes und süßliches Aroma und ist wichtiger Vitamin-C-Träger. Die krautige Pflanze gehört zur Familie der Nachtschattengewächse und wird bis zu 60 cm hoch. Sie trägt weißliche Blüten, aus denen sich die Paprikaschoten entwickeln. Die roten, grünen oder gelben Gemüsepaprikas eignen sich nicht zur Gewürzherstellung, sondern nur zum frischen

Einleitung

Verzehr. Anders hingegen die Gewürzpaprikaschoten. Diese sind intensiv rot, klein und länglich und werden zu Gewürzpulver verarbeitet (zu Paprikapulver edelsüß und zu dem scharfen Rosenpaprikapulver). Dieses gibt Gerichten Würze und rote Farbe.
Bei der Zubereitung muß darauf geachtet werden, daß Paprika nicht in heißes Fett gegeben werden, weil dadurch der im Pulver enthaltene Fruchtzucker karamelisiert und ein bitterer Geschmack entsteht.

Pfeffer *(piper nigrum)*

Pfeffer ist in Deutschland das meistgekaufte Gewürz. Ursprünglich in Indien beheimatet, wird er heute auch in den Tropen angebaut, z.B. in Brasilien. Pfeffer bestimmte den früheren europäischen Gewürzhandel entscheidend. Ohne die ständige und unermüdliche Suche nach diesem Gewürz, wären viele Länder und Kontinente erst viel später entdeckt und wäre die Erkundung neuer Seewege nach Osten niemals so schnell vorangetrieben worden.

Ein Tütchen Pfeffer war damals etwa 100 g Gold wert; und der Besitz von Pfeffer war ein Zeichen von Luxus und Reichtum. Im Westen ist Pfeffer ein Gewürz von unschätzbarem Wert geblieben – ein Gericht ohne ihn erscheint geschmacklos und fade. Der Pfefferstrauch ist eine Kletterpflanze, die sich an Bäumen oder Stützpfählen 4 bis 6 m hochrankt. Die unscheinbaren, kleinen, weißen Blüten hängen in langen Rispen herab. Aus diesen entwickeln sich dann johannisbeergroße Beeren – die Pfefferkörner. Im Handel unterscheidet man zwischen grünem, schwarzem und weißem Pfeffer:
Grüner Pfeffer wird aus unreifen und unbehandelten Beeren gewonnen. Er schmeckt frisch, würzig und hat eine milde Schärfe. In der Regel erhält man ihn hierzulande in Lake eingelegt.
Schwarzer Pfeffer wird als unreife, grüne Frucht geerntet. Das Wachstum der Beeren ist jedoch fast abgeschlossen, so daß

sich bereits ein fester Kern ausgebildet hat. Die Körner werden nach der Ernte in der Sonne zum Trocknen ausgebreitet. Sie schrumpfen und werden dunkelbraun bis tiefschwarz. Ihr Geschmack ist sehr kräftig und streng.

Weißen Pfeffer gewinnt man aus ausgereiften, fast roten Früchten. Die Körner werden nach dem Ernten für mehrere Tage in leicht fließendem Wasser eingeweicht. Anschließend trennt man das aufgeweichte Fruchtfleisch von dem Samen und trocknet diese so lange in der Sonne, bis sie weiß geworden sind. Weißer Pfeffer ist milder als schwarzer.

PIMENT *(pimenta dioica)*

Er wird auch Nelkenpfeffer, All- oder Neugewürz genannt und stammt ursprünglich aus Westindien und Mittelamerika. Piment kam erst im 16. Jahrhundert, als Kolumbus mit seinen Schiffen von der zweiten Reise zurückkehrte, mit den Spaniern nach Europa. Spanisch ist auch sein Name: „Pimenta" heißt Pfeffer, was dokumentiert, daß Piment früher für eine Art des Pfeffers gehalten wurde. Der schlanke und immergrüne Pimentbaum gehört jedoch zur Familie der Myrtengewächse und wird bis zu 9 m hoch. Er trägt kleine weiße Blüten, seine Beeren sind erbsengroß und werden noch unreif geerntet. In der Sonne getrocknet, nehmen sie dann ihre endgültige Farbe an – ein dunkles Rotbraun.

Piment hat einen nelkenähnlichen, aromatischen Geruch. Sein Geschmack erinnert an Muskatnuß, Zimt und Pfeffer. Daher auch der englische Name Allspice – Allgewürz. Piment ist ein beliebtes Gewürz der skandinavischen Küche. Es eignet sich als Einlegegewürz für Fleisch und Fisch, verfeinert aber auch den Geschmack von Terrinen und Pasteten.

ROSMARIN *(rosmarinus officinalis)*

Der Rosmarinstrauch ist dicht verzweigt und immergrün. Er wird bis zu 2 m hoch und trägt hellblaue Blüten. Die dunkelgrünen Blätter sind schmal und ledrig und rollen sich so eng zusammen, daß sie wie Tannennadeln aussehen. Rosmarin wurde wahrscheinlich von den Römern aus dem Libanon mitgebracht. Heute sind die Sträucher im gesamten Mittelmeerraum zu finden, da sie die milde Wärme lieben. Zigeuner sagten Rosmarin magische Kräfte nach. Als Glücksbringer sollte das Kraut böse Geister fernhalten. Bei uns pflanzten Mönche Rosmarin auf Geheiß Karl des Großen an, der dem Kraut heilende Wirkung zuschrieb. Als Medizin gegen Husten, gegen die Pest oder bei Erschöpfungszuständen – die Palette der Krankheiten, bei denen man auf die heilende Kraft des Rosmarins hoffte, war facettenreich. Auch heute noch wirkt Rosmarin als Bestandteil von Hustenbonbons aromatisie-

E·i·n·l·e·i·t·u·n·g

rend und tötet Bakterien ab. Als Badezusatz löst Rosmarin verkrampfte Muskeln. Zum Würzen von Speisen wurde Rosmarin erst sehr spät entdeckt. Das Kraut riecht und schmeckt sehr kampferartig, harzig und leicht bitter. Besonders in der italienischen Küche verwendet man es zur Veredelung von Fleischgerichten. Aber auch zum Würzen von Fisch-, Kartoffel- und Gemüsespeisen ist Rosmarin sehr beliebt. Da das südliche Kraut sein volles Aroma erst durch Hitze entfalten kann, sollte es möglichst lange mitgegart werden.

SAFRAN *(crocus sativus)*
Safran ist ein naher Verwandter des Krokus, einem Liliengewächs. Aus einer unterirdischen Zwiebelknolle wachsen dünne, lange Blätter mit einer hellviolettfarbenen Blüte. In dieser liegt eine dreigeteilte, leuchtend rote Narbe, aus der der Safran gewonnen wird, indem man die roten Fäden trocknet. Der Geschmack von Safran ist erdig-bitter und leicht scharf. Ursprünglich stammt Safran aus Griechenland und Kleinasien, wo er auch heute noch angebaut wird. Aber auch in Spanien, seinem Haupterzeugerland, sowie in Ungarn, Italien und Südfrankreich ist er anzutreffen. Safran ist das teuerste Gewürz der Welt. Um 1 kg zu gewinnen, müssen fast 125 000 Krokusblüten per Hand gepflückt werden. Safran kostet ungefähr zehnmal soviel wie Vanille und fünfzigmal soviel wie Kardamom.
Safranfäden wurden schon im 10. Jahrhundert vor Christus verwendet. Die Römer setzten sie Lebensmitteln und Wein zu, aber auch Parfüms und Medikamenten. Nach dem Ende des römischen Reiches geriet das Gewürz nahezu in Vergessenheit. Erst die Araber, die dem Safran auch seinen Namen „Za´faran" (gelb sein) gaben, brachten ihn wieder nach Europa. Im 11. Jahrhundert erreichte Safran auch

Deutschland, wo es auch heute noch im Kinderreim heißt „… Safran macht den Kuchen gel.". Dies verdankt Safran seiner durchdringend gelben Farbe, die er bei Hitze an seine Umgebung abgibt. Jahrhundertelang wurde Safran daher auch zum Färben von Stoffen genutzt. Das Gewürz galt schon immer als eine sehr kostbare Ware und als Inbegriff von Reichtum und Verschwendung. Kaiser Nero zum Beispiel ließ bei seinem siegreichen Einzug in Rom die Straßen mit Safranwasser benetzen. In der Küche ist Safran in Deutschland fast nur beim Backen von Bedeutung. Anders jedoch in Frankreich, wo die französische Fischsuppe „Bouillabaisse" ohne die gelbe Farbe des Safrans nicht vorstellbar ist. Und auch in Spanien benötigt man Safran zum Würzen des Nationalgerichtes „Paella".

THYMIAN *(thymus vulgaris)*
Dieses Würzkraut ist in Südeuropa beheimatet und wächst dort wild an Berghängen als ein typisches Gewächs der Felsheide. Thymiankulturen werden hauptsächlich in Griechenland, Nordafrika, Bulgarien, Spanien und Italien, aber auch in Ungarn und Deutschland angebaut. Thymian ist ein Halbstrauch und wird nur etwa 20 cm hoch. Die Blätter sind graugrün und rollen sich an den Rändern leicht ein. Die Unterseite der Blätter ist behaart. Thymian hat eine sehr bewegte Geschichte hinter sich. Schon die Ägypter bereiteten zur Zeit der Pharaonen aus Thymian ein Parfüm, mit dem sie ihre Toten einbalsamierten. Der Begriff Thymian kommt von dem griechischen Wort „Thymos", das mit „Mut" oder „Kraft" übersetzt werden kann. Dies weist darauf hin, daß auch die Griechen das Kraut sehr schätzten und ihm Kräfte zuschrieben, die über das bloße Würzen von Speisen weit hinausgingen. Sowohl Griechen als auch Römer hielten Thymian für potenzfördernd und brachten ihn der Aphrodite als Opfergabe. Im Mittelalter steckten Frauen ihren Rittern, wenn sie in ein Turnier zogen, ein Thymiansträußchen an. In der Antike wurde er jedoch bereits zum Würzen einiger Käsesorten oder Getränke verwendet.
Thymian hat einen sehr starken und leicht bitteren Geschmack. Daher eignet er sich vor allem zum Würzen von kräftigen Speisen, wie zum Beispiel von in Rotwein geschmorten Fleischgerichten. Thymian

Einleitung

gehört zu den „fines herbes" der französischen Küche und verfeinert dort in der Regel Suppen, Gemüse, Fisch, Saucen, Salate und Kartoffeln. In der Heilkunde wird er auch heute noch eingesetzt bei Erkrankungen der Atemwege und bei Verdauungsstörungen.

VANILLE *(vanilla planifolia)*

Echte Vanille ist nach wie vor eine Kostbarkeit. Die Spanier waren es, die, auf der Suche nach Gold in Mexiko, das bis dato unbekannte Gewürz entdeckten. Schon die Azteken würzten ihre Speisen und Getränke mit dem süßen, warmen Aroma der Vanilleschoten.

Vanille gehört zur Familie der Orchideen. Nur einen Tag im Jahr blühen sie im Halbschatten des tropischen Regenwaldes. Jedoch nur in Mittel- und Südamerika lebt das Insekt, welches die Vanilleschoten auf natürliche Art und Weise bestäubt. In allen anderen Anbaugebieten muß jede einzelne Blüte per Hand befruchtet werden. Dies muß sehr rasch geschehen, da sich jede Blüte schon nach wenigen Stunden wieder schließt. Nach einer Reifezeit von 6 bis 8 Monaten werden die noch grünen Schoten, die eigentlich Fruchtkapseln sind, geerntet. Anschließend taucht man sie in heißes Wasser und läßt sie in der Sonne trocknen. Dadurch erhalten sie die glänzende, dunkelbraune Oberfläche und den aromatischen Geruch.

1836 gelang es einem deutschen Gärtner im Pariser Botanischen Garten erstmals, eine Vanille-Orchidee in Europa zum Tragen von Früchten zu bringen. Einige Jahre später wurde diese Sorte auf die Inselgruppe Bourbon im Indischen Ozean verpflanzt. Da die natürlichen Bestäuber fehlten, begann man, die Pflanzen mit der Hand zu bestäuben. Noch heute trägt die feinste und aromatischste Vanille den bekannten Namen „Bourbon-Vanille".

Vanille ist ein echter Favorit in der Küche – Vanilleduft verwirrt die Sinne, und das Aroma verfeinert Kuchen, Gebäck, Süßspeisen, Eis und Saucen gleichermaßen.

ZIMT *(cinnamomum verum, cinnamomum zeylanicum)*

Dieses Gewürz ist in Sri Lanka beheimatet. Heute wird es jedoch auch in vielen anderen Regionen mit feucht-heißer Witterung angebaut. Zimt aus Sri Lanka gilt aber nach wie vor als der beste auf dem Markt. Das feinaromatische Gewürz wird aus der Rinde von Bäumen gewonnen, die zu der Familie der Lorbeergewächse gehören. Die immergrünen Bäume können in der Wildnis bis zu 10 m groß werden, in Kultur hält man sie allerdings auf 3 m gestutzt.

Schon vor vielen Jahrtausenden duftete es in chinesischen Gärten süßlich-holzig nach diesem aromatischen Gewürz – und Moses salbte damit die Bundeslade. In der Bibel ist Zimt Sinnbild für Verführung und Verwirrung der Sinne. Salomon berichtet von einer Verführerin, die ihren auserkorenen Knaben mit Zimt und Myrrhe bestreut. Könige und Kaiser erfreuten sich an dem schweren, süßlichen Duft von Zimt, indem sie ihn in Räucherschalen verbrannten. Auch heute noch ist Zimt ein unentbehrliches Gewürz, wenn es darum geht, dem Geschmack von Cremes, Backwaren und Aufläufen eine besondere Note zu verleihen. In der marokkanischen Küche gibt er den „Tagines", in der iranischen Küche den „Khoraks" die typische Würze. Bei uns wird Zimt auch oft Heißgetränken, wie zum Beispiel Glühwein, beigemischt und zum Aromatisieren von Weihnachtsplätzchen verwendet.

Gewürze einkaufen, lagern und verarbeiten

Früher eine Rarität, können Gewürze aus aller Welt heute bei uns in fast jedem Supermarkt ohne Aufwand und Mühen eingekauft werden. Die Gewürze erhält man entweder in Papier- oder Plastiktütchen sowie in Glas-, Alu- oder Plastikdöschen. Am besten sind völlig luftdichte und lichtundurchlässige Verpackungen, da sich Gewürze so am leichtesten frisch halten. Vor dem Kauf sollte man, wenn möglich, Farbe und Geruch der Gewürze prüfen. Je intensiver diese sind, desto eher ist eine unbeschadete Qualität der getrockneten Blätter oder Körner gewährleistet.
Da man Gewürzen nicht ansieht, ob sie mit Schadstoffen belastet, verkeimt oder bestrahlt sind, wählen Sie möglichst Markenprodukte, die in Supermärkten ange-

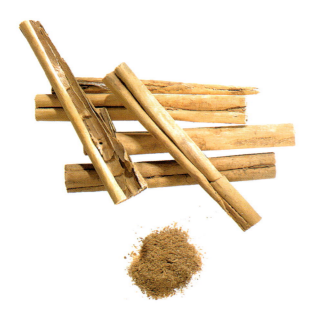

Einleitung

boten werden, z.B. Produkte von der Firma „Ostmann". Diese sind fachgerecht verpackt, und die Auswahl ist fast grenzenlos.

Man kann in der Regel ganze oder gemahlene Gewürze kaufen. Unzerkleinerte Gewürze haben den großen Vorteil, daß sie noch das ganze Aroma und den vollen Geschmack besitzen. Vor dem Kochen müssen sie jedoch in der Regel leicht gemahlen oder zerdrückt werden, um ihr Aroma bestmöglich entfalten zu können. Ideal eignet sich dafür z.B. die Gewürz- und Kräutermühle *Ceramill* von der Firma WMF. Beim Mahlen werden die ätherischen Öle frei und verströmen einen Geruch, als würden die Gewürze gerade geerntet. Sie schmecken somit stets frisch.

Wichtig bei der Auswahl der Mühle ist vor allem die Qualität des Mahlwerks. Eines aus Keramik, wie bei *Ceramill*, eignet sich besonders gut. Bereits gemahlen gekaufte Gewürze verlieren leichter ihr Aroma als ganze. Sie sollten daher nur in kleinen Mengen gekauft und aufbewahrt werden.

Setzen Sie Gewürze jeglicher Art beim Lagern auch nie längere Zeit direktem Sonnenlicht aus, und wählen Sie einen trockenen, dunklen und kühlen Standort. So sind zum Beispiel Speisekammer oder Küchenschrank optimale Aufbewahrungsplätze. Als Behälter eignen sich die Originalverpackungen sowie Schraubgläser mit fest sitzendem Deckel. So geschützt, halten Gewürze mindestens 2 Jahre, man-

che auch viel länger. Da Gewürze ihre Duft- und Aromastoffe gern an die Umgebung abgeben und auch fremde Gerüche leicht annehmen, sollten Sie verschiedene Gewürze nicht im gleichen Gefäß aufbewahren.

Ganze Knollengewürze, wie frischer Knoblauch oder Ingwer, müssen hingegen in luftdurchlässigen Körben oder Truhen gelagert werden, da sie sonst schnell verfaulen. Übrigens, die meisten getrockneten Gewürze können nach Ablauf des Haltbarkeitsdatums noch verwendet werden, auch wenn das Aroma mittlerweile nachgelassen haben sollte.

Frische Kräuter müssen nach dem Einkauf sofort in kaltes Wasser gestellt werden, auch wenn sie noch am selben Tag verwendet werden. Nur das garantiert, daß sie ihr charakteristisches Aroma nicht verlieren. Schneiden Sie die Kräuter dafür an den Stengeln an, und befreien Sie sie vom Gummiband, das sie in der Regel zusammenhält. Bei längerem Lagern empfiehlt sich die Aufbewahrung in Frischhaltebeuteln. Dafür zupfen Sie die Blätter von den Stielen, geben sie in den Beutel, blasen diesen leicht auf und verschließen ihn fest. So bleiben auch empfindliche Blättchen mehrere Tage frisch, ohne zu welken.

Einleitung

Einige Kräuter, wie zum Beispiel Dill, Schnittlauch, Zitronenmelisse, Basilikum oder Petersilie, eignen sich gut zum Einfrieren und können so über 8 Monate gelagert werden. Hierfür müssen die Kräuter vorsichtig gewaschen, getrocknet und feingehackt werden. Anschließend gibt man sie in Eiswürfel- oder kleine Kunststoffbehälter, füllt diese mit Wasser auf und stellt sie ins Tiefkühlgerät. Die gefrorenen Kräuterblöcke werden dann herausgenommen und in Gefrierbeutel umgefüllt.

Tips zu den Rezepten

Damit beim Nachkochen der Rezepte nichts schiefgehen kann, hier noch einige Hinweise:

▶ Die Zeitbegriffe bei den Rezepten sollen Ihnen helfen, den Arbeitsaufwand besser einschätzen zu können. Gerichte, die in maximal 1 Stunde fertig zubereitet sind, haben wir mit dem Begriff „geht schnell" gekennzeichnet. Solche, deren Zubereitung länger dauert, tragen den Begriff „braucht Zeit".

▶ Die Backofentemperaturen in den Rezepten beziehen sich auf einen Elektrobackofen mit Ober- und Unterhitze. Wenn Sie mit Gas oder Umluft arbeiten möchten, dann rechnen Sie die Werte bitte entsprechend den Herstellerangaben Ihres Herdes um.

Die Abkürzungen

EL	=	Eßlöffel (gestrichen)
TL	=	Teelöffel (gestrichen)
Msp.	=	Messerspitze
ml	=	Milliliter
l	=	Liter
g	=	Gramm
kg	=	Kilogramm
Bd.	=	Bund
P.	=	Päckchen
TK-...	=	Tiefkühl-...
Ø	=	Durchmesser

V · o · r · s · p

4 Personen

Hunsrücker Bauernsalat mit Kümmelvinaigrette

400 g Putenbrust
4 EL Butterschmalz
Salz
gemahlener schwarzer Pfeffer

Die Putenbrust in Streifen schneiden. Das Butterschmalz in einer Pfanne erhitzen. Die Putenstreifen darin anbraten, mit Salz sowie Pfeffer würzen, mit einer Schaumkelle herausnehmen und in eine Schüssel geben.

80 g Frühlingszwiebeln
80 g Staudensellerie
80 g rote Paprikaschote

Frühlingszwiebeln, Staudensellerie und Paprikaschote waschen, putzen und in Rauten schneiden. Das Gemüse zum Putenfleisch geben und damit mischen.

100 g Champignons
50 g Dörrfleisch
1 mittelgroße Zwiebel

Die Champignons säubern, putzen und vierteln. Das Dörrfleisch würfeln. Die Zwiebel schälen und fein würfeln.

½ TL gemahlener Kümmel
6 EL Weißweinessig
100 ml Hühnerbrühe
Salz
gemahlener schwarzer Pfeffer
150 ml Öl

Das Butterschmalz erneut erhitzen und Champignons, Dörrfleisch sowie Zwiebel darin anbraten. Dann den Kümmel hineinrühren. Das Ganze mit dem Essig sowie Brühe ablöschen und die Flüssigkeit etwas einkochen lassen. Mit Salz und Pfeffer würzen und das Öl dazugeben. Die Pilzmischung über den Salat gießen.

4 Scheiben Bauernbrot
3 EL Butter
1 TL Thymianblättchen
1 TL Majoranblättchen

Die Butter in einer Pfanne erhitzen und die Brotscheiben darin zusammen mit den Kräutern anbraten. Zum Salat reichen.

Mein Tip

Champignons sind Zuchtpilze, daher bekommt man sie bei uns das ganze Jahr über. Weil sie schnell verderben, sollten Sie sie nur wenige Tage im Kühlschrank lagern. Besonders aromatisch schmecken die braunen Champignons, auch Egerlinge oder Steinpilzchampignons genannt. Diese sind auch etwas länger haltbar als ihre weißen Verwandten. Zuletzt noch ein Tip: Kleingeschnittene Champignons sollten immer mit etwas Zitronensaft beträufelt werden, wenn man sie nicht gleich weiterverwendet. Dies verhindert das unschöne Braunwerden der Pilze.

V·o·r·s·p·e·i·s·e·n

4 Personen

SEEZUNGENSALAT MIT TOMATEN UND FRÜHLINGSZWIEBELN

10 vollreife Tomaten
etwas gemahlener Sternanis
100 ml Fischfond

Die Tomaten waschen, putzen, vierteln und zusammen mit dem Sternanis und dem Fischfond im Mixer fein pürieren. Die Mischung in ein großes Küchentuch geben, dieses oben zusammenknoten und über einer Schüssel aufhängen. Den abtropfenden Saft über Nacht auffangen.

500 g Seezungenfilets
Saft von 1 Zitrone
Salz
2 EL Öl

Am nächsten Tag die Seezungenfilets waschen, trockentupfen und in etwa 3 cm große Stücke schneiden. Mit Zitronensaft und Salz würzen. Das Öl in einer beschichteten Pfanne erhitzen und die Fischfilets darin kurz anbraten. Dann herausnehmen.

8 Frühlingszwiebeln

Den abgetropften Tomatensaft in einem Topf auf 200 ml einkochen lassen. Die Frühlingszwiebeln waschen, putzen und die weißen Teile abschneiden (das Dunkelgrüne nicht verwenden). Die Zwiebelstücke zum Tomatensaft geben und das Ganze einmal aufkochen lassen. Die Fischstücke in den Tomatensaft einlegen und bei milder Hitze zugedeckt etwa 5 Minuten garen. Herausnehmen und warm stellen.

4 Fleischtomaten

Die Fleischtomaten über Kreuz einritzen, kurz überbrühen, abschrecken und enthäuten. Sie dann vierteln, die Stielansätze herausschneiden und das Fruchtfleisch entkernen.

3 EL Olivenöl
2 EL Weißweinessig
1 Prise Zucker
Salz
gemahlener schwarzer Pfeffer
etwas gemahlener Ingwer
einige Salatblätter

Die Tomatenstücke in den Tomatensud geben. Öl sowie Essig hinzufügen und den Sud mit den Gewürzen pikant abschmecken. Die Fischstücke zusammen mit dem Sud auf Salatblättern servieren.

Mein Tip

Heute ist die Tomate eine der bedeutendsten Gemüsesorten auf der ganzen Welt – läßt sie sich doch auch äußerst vielseitig einsetzen. Aber nur reife Früchte enthalten das volle Aroma. Lagern Sie Tomaten daher bitte nie im Kühlschrank, denn dann „erfrieren" sie und verlieren ihren Geschmack. Falls sie noch leicht unreife Tomaten geerntet oder gekauft haben, können Sie sie, in Zeitungspapier eingewickelt, einige Tage auf dem Küchenschrank nachreifen lassen. Aber es geht auch anders: Legen Sie die Früchte neben Äpfel oder Orangen. Diese geben den Wirkstoff Äthylen ab, welcher ein Nachreifen der Tomaten bewirkt.

V·o·r·s·p·e·i·s·e·n

Lauwarmer Bratkartoffelsalat

4 Personen

500 g gekochte Kartoffeln
2 Schalotten
60 g Butterschmalz

Die ausgedampften Kartoffeln schälen und in nicht zu dünne Scheiben schneiden. Die Schalotten schälen und in kleine Würfel schneiden. Das Butterschmalz in einer großen Pfanne erhitzen und die Kartoffelscheiben darin von beiden Seiten braten, bis sie goldbraun sind.

150 g Radieschen

Die Schalotten hinzufügen und kurz mitbraten. Sollte zu viel Butterschmalz in der Pfanne sein, dieses vorsichtig abgießen. Die Kartoffelmischung in der Pfanne kurz abkühlen lassen. Inzwischen die Radieschen waschen, putzen und in feine Scheiben schneiden.

5 EL Apfelessig
8 EL Öl
4 EL Fleischbrühe
Salz
grob gemahlener schwarzer Pfeffer
1 EL gehackte Petersilie

Apfelessig, Öl und Brühe zu den Kartoffeln in die Pfanne geben und vorsichtig unterheben. Mit Salz und Pfeffer abschmecken. Zum Schluß die Radieschen und die Petersilie unter den Salat heben und ihn gleich lauwarm servieren.

Mein Tip

Kartoffeln gibt es in drei verschiedenen Kategorien: festkochend, vorwiegend festkochend und mehligkochend. Für Salate, Bratkartoffeln und Gratins sollten Sie immer festkochende Sorten nehmen, denn diese bleiben „gut in Form". Vorwiegend festkochende Kartoffeln sind recht universell einsetzbar. Besonders gut eignen sie sich zur Zubereitung von Salz- und Pellkartoffeln. Mehligkochende Sorten haben einen hohen Stärkeanteil. Sie zerfallen daher beim Garen leicht, binden aber mit ihrer Stärke gut Kartoffelmassen. So eignen sie sich ideal für Kartoffelpüree, Klöße und Puffer.

V·o·r·s·p·e·i·s·e·n

4 Personen

Pfannkuchen mit Pilzragout und Sauerrahmsauce

2 Eier	Für die Pfannkuchen Eier, Mineralwasser, Mehl, Salz, Kerbel und Butter gründlich miteinander verquirlen. Den Teig etwa ½ Stunde ruhen lassen. Den Backofen auf 50 °C vorheizen.
150 ml Mineralwasser	
80 g Mehl	
Salz	
1 EL gehackter Kerbel	
2 EL flüssige, leicht gebräunte Butter	
2 Schalotten	Inzwischen für das Pilzragout die Schalotten sowie den Knoblauch schälen und beides fein würfeln. Die Pilze säubern und in feine Scheiben schneiden.
1 Knoblauchzehe	
400 g Champignons	
5 EL Öl	Das Öl in einer Pfanne erhitzen und die Champignonscheiben darin anbraten. Schalotten und Knoblauch kurz mitdünsten. Das Ragout mit Pfeffer, Muskat und Salz kräftig abschmecken. Dann den Käse und die Petersilie darunterheben.
gemahlener schwarzer Pfeffer	
gemahlene Muskatnuß	
Salz	
5 EL geriebener Greyerzer	
1 EL gehackte Petersilie	
200 g saure Sahne	Für die Sauce saure Sahne und Joghurt miteinander verrühren. Mit Pfeffer und Chili würzen und die Kräuter darunterrühren. Die Sauce zum Schluß mit dem Zitronensaft und etwas Salz abschmecken.
100 g Naturjoghurt	
gemahlener schwarzer Pfeffer	
1 Prise Chilipulver	
1 EL gehackter Kerbel	
1 EL gehackte Petersilie	
1 EL Zitronensaft	
Salz	
5 EL Butterschmalz	Nach der Ruhezeit des Teiges das Butterschmalz in einer Pfanne erhitzen und aus dem Teig nacheinander 4 dünne, goldbraune Pfannkuchen backen. Diese zugedeckt im Backofen warmhalten. Die Pfannkuchen zusammen mit dem Pilzragout und der Sauce anrichten.

V · o · r · s · p · e · i · s · e · n

geht schnell
4 Personen

Roh marinierter Lachs mit Koriander

12 Cocktailtomaten, 1 Schalotte
1 EL gehackte Korianderblättchen
6 EL Olivenöl
2 EL Weißweinessig
Saft von 1 Limette
1 Prise Zucker, Salz
gemahlener schwarzer Pfeffer
½ TL gemahlener Koriander

Die Tomaten über Kreuz einritzen, kurz überbrühen, abschrecken und enthäuten. Die Schalotte schälen, fein würfeln und in 1 Eßlöffel Öl in einer Pfanne anbraten. Korianderblättchen, 5 Eßlöffel Öl, Essig, Limettensaft, Zucker, Salz, Pfeffer und gemahlenen Koriander hinzufügen und alles gut verrühren.

4 Avocados
2 EL Olivenöl
½ TL gemahlener Koriander
Salz
gemahlener schwarzer Pfeffer

Die Avocados schälen, halbieren, die Kerne herauslösen und das Fruchtfleisch in dünne Scheiben schneiden. Das Öl in einer Pfanne erhitzen und die Avocadoscheiben darin kurz anbraten. Sie dann mit dem gemahlenen Koriander, Salz und Pfeffer bestreuen, herausnehmen und auf 4 Tellern anrichten.

400 g hauchdünne rohe Lachsscheiben
Löwenzahn- oder Spinatblätter zum Garnieren

Den Lachs auf den Avocadoscheiben verteilen. Mit Salz und Pfeffer würzen. Die Marinade auf den Lachsscheiben verteilen. Die Tomaten zusammen mit den Löwenzahn- oder Spinatblättern kurz in der Pfanne wenden. Jeden Teller mit Cocktailtomaten und Löwenzahn- oder Spinatblättern garnieren.
Dazu passen kleine Kartoffelrösti.

braucht Zeit
4 Personen

HÜHNERLEBERPARFAIT MIT AUSLESEGELEE UND TRAUBENSALAT

125 g Hühnerleber
1 Ei
1 gehackte Knoblauchzehe
2 EL weißer Portwein
2 EL Cognac
Salz
gemahlener schwarzer Pfeffer
1 Prise Zucker

Für das Parfait die Hühnerleber von eventuellen Sehnen und Blutgerinnseln befreien. Sie dann zusammen mit Ei, Knoblauch, Portwein und Cognac sowie etwas Salz, Pfeffer und Zucker im Mixer fein pürieren.

125 g lauwarme, flüssige Butter
gemahlener Piment
150 g Speck, in dünnen Scheiben

Den Backofen auf 120 °C vorheizen. Die flüssige Butter unter die Lebermasse rühren und diese mit etwas gemahlenem Piment würzen. Die Parfaitmasse durch ein feines Sieb passieren.
Eine kleine Terrinenform mit den Speckscheiben auslegen. Die Parfaitmasse einfüllen und glattstreichen. Die Form in ein Wasserbad stellen und das Ganze in den Ofen geben. Das Parfait etwa 25 Minuten pochieren. Dann für 5 Stunden zugedeckt kühl stellen. Danach das Parfait vorsichtig aus der Form stürzen. Den Speck entfernen und das Parfait erneut zugedeckt kühl stellen.

4 Blatt weiße Gelatine
350 ml Weißwein (Auslese)
1 Prise Zucker
2 EL roter Portwein

Für das Gelee die Gelatine für etwa 10 Minuten in kaltem Wasser einweichen. Sie dann ausdrücken, vorsichtig erhitzen und so auflösen. Wein, Zucker und Portwein darunterrühren und das Ganze kurz kühl stellen. Die zuvor gesäuberte Terrinenform etwa 1 cm hoch mit dem Gelee füllen. Das Parfait vorsichtig hineinsetzen. Dabei darauf achten, daß es vollständig vom Gelee umflossen ist. Das Parfait für mindestens 4 Stunden kühl stellen.

150 g blaue Weintrauben
½ Apfel
3 EL Walnußkerne
3 EL Balsamessig
2 EL Walnußöl
etwas Salz
etwas Zucker

Für den Salat die Trauben waschen, halbieren und die Kerne mit einem spitzen Messer entfernen. Den Apfel schälen, vom Kerngehäuse befreien und in feine Streifen schneiden. Beides zusammen in eine Schüssel geben. Walnußkerne, Essig, Öl, Salz sowie Zucker dazugeben und alles leicht mischen. Das Parfait vorsichtig aus der Form stürzen, in Scheiben schneiden und zusammen mit dem Salat servieren.

GEGRILLTE PUTENBRUST

4 Personen

4 Scheiben Putenbrust à 120 g
ca. 8 EL Sonnenblumenöl
etwas Chilipulver
2 gehackte Knoblauchzehen

Die Putenbrustscheiben waschen und gut trockentupfen. Öl, Chilipulver und Knoblauch miteinander verrühren und das Fleisch darin etwa 6 Stunden zugedeckt im Kühlschrank marinieren.

Salz

Das Fleisch herausnehmen, trockentupfen und auf dem Grill oder in einer Grillpfanne ohne Fettzugabe goldbraun grillen. Dann erst salzen.

TOMATEN-CHILI-MARMELADE

4 Personen

1,5 kg vollreife Tomaten
500 g Äpfel

Die Tomaten waschen, putzen und vierteln. Die Äpfel halbieren, von den Kerngehäusen befreien und in kleine Würfel schneiden. Beides zusammen in einem Topf zugedeckt bei milder Hitze etwa ½ Stunde dünsten.

4 rote Chilischoten
4 grüne Chilischoten

Die Chilischoten waschen und längs halbieren. Die Kernchen mit einem Messer herauskratzen und die Schoten in feine Streifen schneiden.

500 g Gelierzucker
6 EL Limettensaft
grob geschroteter schwarzer Pfeffer
Salz

Die Tomaten-Apfel-Mischung durch ein feines Sieb streichen. Wieder in den Topf geben und zusammen mit Gelierzucker, Limettensaft und Chilischoten aufkochen lassen. Das Ganze mit Pfeffer und Salz würzen, dann abkühlen lassen.

2 EL Pfefferminzblätter
1 Prise Cayennepfeffer
1 verschließbares Glas

Die Pfefferminzblätter waschen, trockentupfen, in feine Streifen schneiden und unter die Tomatenmarmelade heben. Diese mit Cayennepfeffer nachwürzen. Die Marmelade in ein heiß ausgespültes Schraubdeckelglas füllen und bis zum Verzehr kühl aufbewahren.

V·o·r·s·p·e·i·s·e·n

4 Personen

Kartoffelwaffeln mit Lauch-Schinken-Ragout

250 g mehligkochende Kartoffeln
Salz
gemahlener weißer Pfeffer
2 EL Sahne
2 EL Magerquark
2 EL Hartweizengrieß
4 EL flüssige Butter
100 g Mehl
4 Eier
gemahlene Muskatnuß

Die Kartoffeln garen, noch heiß pellen und durch eine Presse in eine Schüssel drücken. Mit Salz und Pfeffer würzen. Dann Sahne, Quark, Grieß, Butter, Mehl, Eier sowie etwas Muskat hinzufügen und das Ganze zu einem glatten Teig verarbeiten. Diesen etwa ½ Stunde ruhen lassen.

1 Schalotte, feingehackt
2 EL Butterschmalz
200 g Sahne
100 ml Fleischbrühe
Salz
gemahlener schwarzer Pfeffer

Inzwischen die Schalottenwürfel im Butterschmalz anbraten. Sahne sowie Brühe dazugießen und das Ganze etwas einkochen lassen. Mit Salz und Pfeffer abschmecken.

300 g Lauch, in Rauten
150 g gekochter Schinken, in Würfeln
100 g enthäutete Tomatenviertel
Salz
gemahlener schwarzer Pfeffer
gemahlene Muskatnuß
1 EL gehackte Petersilie

Den Lauch in heißem Wasser blanchieren und gut abtropfen lassen. Ihn dann zusammen mit dem Schinken und den Tomatenvierteln in die Sauce geben. Diese mit Salz, Pfeffer, Muskat und Petersilie abschmecken. Den Backofen auf 50 °C vorheizen.

etwas Ölraukesalat

Das Waffeleisen vorheizen. Aus dem Kartoffelteig darin goldbraune Waffeln backen. Fertiggebackene Waffeln zugedeckt im Ofen warmhalten. Das Lauch-Schinken-Ragout zusammen mit dem gewaschenen Ölraukesalat jeweils zwischen 2 Waffeln schichten und diese auf Tellern anrichten.

V·o·r·s·p·e·i·s·e·n

K·l·e·i·n·e

G·e·r·i·c·h·t·e

GEMÜSESUPPE MIT INGWER

geht schnell
4 Personen

2 Schalotten
1 Knoblauchzehe
1 Stück Ingwerknolle (ca. 30 g)
2 mittelgroße Karotten
½ Stange Lauch
100 g Petersilienwurzel
¼ Fenchelknolle

Schalotten, Knoblauch und Ingwer schälen und in feine Würfel schneiden. Karotten, Lauch, Petersilienwurzel und Fenchelknolle waschen, putzen und ebenfalls kleinwürfeln.

4 EL Butter
Saft von 2 Orangen
500 ml Hühnerbrühe
1 TL gemahlener Ingwer

Die Butter in einem Topf erhitzen. Schalotten, Knoblauch und Ingwer darin anschwitzen. Das restliche Gemüse dazugeben und kurz mitdünsten. Das Gemüse mit dem Orangensaft ablöschen und diesen etwas einkochen lassen. Die Brühe und den Ingwer einrühren und die Suppe zugedeckt bei mittlerer Hitze etwa ¼ Stunde köcheln lassen. Sie anschließend im Mixer pürieren und durch ein feines Sieb streichen.

Salz
etwas gemahlener Anis
4 EL leicht geschlagene Sahne
8 hauchdünne Scheiben Parmaschinken
einige Fenchelstreifen
Schale von ½ unbehandelten Orange, in Streifen
etwas Fenchelgrün

Die Suppe erneut leicht erhitzen und mit Salz sowie Anis abschmecken. Die Sahne vorsichtig darunterziehen. Die Suppe auf 4 Teller verteilen. Auf jede Portion 2 Scheiben Parmaschinken und einige Fenchelstreifen geben. Zuletzt die Suppe mit den Orangenschalenstreifen und dem Fenchelgrün garnieren.

Mein Tip

Fenchel wurde erst vor einigen Jahrzehnten wieder für die Küche entdeckt. Er hat ein feines, aber intensives Aroma, welches an den von Gewürzfenchel erinnert. Lagern Sie die Knollen immer in Frischhaltefolie eingewickelt im Kühlschrank. So trocknen sie nicht aus oder werden zäh. Was viele nicht wissen: Fenchel kann man auch roh essen, zum Beispiel gehobelt oder kleingeschnitten als Salat mit einer feinen Vinaigrette. Probieren Sie es einmal aus. Das zarte Grün der Knolle sollten Sie unbedingt aufheben. Es eignet sich gut zum Dekorieren und würzt zugleich noch ein wenig.

K·l·e·i·n·e G·e·r·i·c·h·t·e

Kartoffel-Lauch-Suppe mit gebratener Blutwurst

4 Personen

50 g Räucherspeck *2 Knoblauchzehen* *100 g Zwiebeln* *100 g Knollensellerie* *400 g Kartoffeln* *350 g Lauch*	Den Speck würfeln. Knoblauch, Zwiebeln, Sellerie sowie Kartoffeln schälen und kleinschneiden. Den Lauch waschen, putzen und in Ringe schneiden.
2 EL Öl *1,5 l Fleischbrühe* *1 TL gemahlener Majoran* *1 TL gemahlener Oregano*	Das Öl in einem großen Topf erhitzen und den Speck darin glasig braten. Vorbereitetes Gemüse, Brühe, Majoran und Oregano hinzufügen. Das Ganze gut verrühren und bei mittlerer Hitze zugedeckt etwa 20 Minuten garen.
300 g Kartoffeln *120 g rote Zwiebeln* *2 EL Öl* *Salz* *gemahlener weißer Pfeffer*	Inzwischen für die Einlage die Kartoffeln und die Zwiebeln schälen und kleinwürfeln. Das Öl in einer Pfanne erhitzen, beides kräftig darin anbraten und mit Salz sowie Pfeffer würzen. Die Kartoffel-Zwiebel-Mischung herausnehmen und auf Küchenkrepp abtropfen lassen.
Salz *gemahlener weißer Pfeffer*	Die Suppe im Mixer pürieren, durch ein Sieb passieren, wieder in den Topf geben und erneut erhitzen, aber nicht kochen lassen. Sie dann mit Salz und Pfeffer abschmecken.
1 EL Butter *1 Kranz Blutwurst (ca. 300 g)* *Salz* *gemahlener weißer Pfeffer*	Die Butter in der Pfanne erhitzen. Die Blutwurst in Scheiben schneiden und in der Butter von beiden Seiten anbraten. Salzen und pfeffern. Die Kartoffel-Zwiebel-Mischung und die Blutwurstscheiben in eine Suppenschüssel legen.
5 EL geschlagene Sahne *4 EL blanchierte Lauchstreifen* *1 EL Majoran- und Oreganoblättchen*	Die Sahne vorsichtig unter die Suppe ziehen und diese in die Schüssel gießen. Zuletzt alles mit Lauchstreifen, Majoran- und Oreganoblättchen bestreuen.

Kleine Gerichte

geht schnell
4 Personen

Brotsuppe mit Muskat und Kräutern

3 altbackene Brötchen (ca. 150 g)
5 EL Butter
gemahlene Muskatnuß

Die Brötchen entrinden und würfeln. Die Butter in einer Pfanne aufschäumen lassen, mit reichlich Muskat würzen und die Brotwürfel darin goldbraun rösten. Dann herausnehmen.

300 g Zwiebeln
3 EL Butter
¼ l Weißwein
¾ l Fleischbrühe
Salz
gemahlener weißer Pfeffer

Die Zwiebeln schälen und in Streifen schneiden. Die Butter in einem Topf erhitzen und die Zwiebeln darin andünsten. Mit Weißwein und Brühe ablöschen. Die Brotwürfel hinzufügen, die Suppe mit Salz sowie Pfeffer würzen und etwa 5 Minuten zugedeckt köcheln lassen.

2 frische Eigelbe
150 g Sahne
gemahlene Muskatnuß
je 1 EL Schnittlauchröllchen,
feingehackte Petersilie und feingehackter Kerbel
3 enthäutete Tomaten

Die Eigelbe mit der Sahne verquirlen und mit Muskat würzen. Den Topf vom Herd nehmen und die Eiermischung unter die nicht mehr kochende Suppe ziehen. Dann die Kräuter darunterrühren. Die Tomaten vierteln, entkernen und als Einlage in die Suppe geben.

AUFGESCHLAGENES KRÄUTERSÜPPCHEN

4 Personen

1 Suppenteller mit frischen Kräutern (Basilikum, Petersilie, Majoran und Oregano)
2 Hände voll Spinatblätter

Kräuter und Spinat verlesen, waschen, trockenschleudern und im Mörser portionsweise fein zerreiben.

2 Schalotten
½ TL gehackter Knoblauch
3 EL Butter

Die Schalotten und die Knoblauchzehen schälen. Die Schalotten in Streifen schneiden, den Knoblauch fein hacken. Die Butter in einem Topf zerlaufen lassen und Schalotten sowie Knoblauch darin kurz anbraten.

350 ml Gemüsebrühe
300 g Sahne
Salz
gemahlener weißer Pfeffer

Die Gemüsebrühe und die Sahne zur Zwiebelmischung geben und alles etwa 10 Minuten offen einköcheln lassen. Dann die Suppe zusammen mit der Kräuter-Spinat-Mischung im Mixer sehr fein pürieren und wieder in den Topf geben. Mit Salz und Pfeffer abschmecken und vom Herd ziehen.

2 Eigelb
2 EL Sahne
4 EL geschlagene Sahne
Kerbelblättchen zum Garnieren

Die Eigelbe mit der Sahne verquirlen und in die heiße, aber nicht mehr kochende Suppe geben. Diese gut aufschlagen, bis sie schaumig ist. Die Sahne vorsichtig in die Suppe einrühren. Diese auf 4 Teller verteilen und mit den gewaschenen Kerbelblättchen garnieren.

Mein Tip

Frische Kräuter sind etwas Wunderbares. Sie verleihen einem Gericht oft erst die richtige Würze, und zugleich tun sie auch etwas für die Verdauung. Die in ihnen enthaltenen ätherischen Öle wirken appetitanregend und verdauungsfördernd.
Die meisten frischen Kräuter sollten Sie immer erst kurz vor Ende der Garzeit an ein Gericht geben. So behalten sie ihr volles Aroma und ihre natürliche Farbe.

Kleine Gerichte

4 Personen

Geflügelbrühe mit Koriander und Kaninchenfleischbällchen

1 EL Korianderkörner
200 g Poulardenfleisch
1 EL Korianderblättchen
½ Chilischote
2 Eiweiß

Für die Geflügelbrühe die Korianderkörner in einer Pfanne ohne Fettzugabe rösten, aus der Pfanne nehmen und abkühlen lassen. Poulardenfleisch, Korianderblättchen und Chilischote waschen und trockentupfen. Alles zusammen fein hacken und mit den Eiweißen mischen.

1 l eiskalte Geflügelbrühe

Die Geflügelbrühe in einen Topf geben und die Fleischmischung (das Klärfleisch) dazugeben. Das Ganze unter vorsichtigem Rühren aufkochen und etwa 20 Minuten bei milder Hitze ziehen lassen. Dann die Brühe vorsichtig durch ein feines Tuch passieren und beiseite stellen.

200 g Kaninchenfleisch
1 kleine Zwiebel
2 Knoblauchzehen
1 Stück Ingwer (1 cm lang)
1 TL Korianderblättchen

Für die Fleischbällchen das Kaninchenfleisch waschen, trockentupfen und durch die feine Scheibe des Fleischwolfs drehen. Zwiebel, Knoblauch und Ingwer schälen. Die Zwiebel fein würfeln, Knoblauch, Ingwer und gewaschene Korianderblättchen fein hacken.

1–2 Eier
Salz
gemahlener schwarzer Pfeffer

Die zerkleinerten Zutaten mit den Eiern und dem Kaninchenfleisch verkneten und den Fleischteig mit Salz sowie Pfeffer abschmecken. Dann aus dem Teig mit leicht befeuchteten Händen kleine Bällchen formen und diese in einem Siebeinsatz über Wasserdampf etwa 5 Minuten dämpfen.

1 EL Korianderblättchen

Die geklärte Geflügelbrühe wieder erhitzen, auf 4 Teller verteilen und die Kaninchenbällchen hineingeben. Zuletzt die Suppe mit den gewaschenen Korianderblättchen bestreuen.
Wer möchte, gibt noch einige blanchierte grüne Spargelrauten in die Suppe.

Kleine Gerichte

53

4 Personen

KNOBLAUCHSCHAUMSUPPE

100 g Knoblauchzehen
60 g gesalzene Butter
etwas Vermouth
⅛ l Weißwein
¾ l Geflügelfond

Die Knoblauchzehen schälen und in dünne Scheiben schneiden. Die Butter in einem Topf schmelzen lassen und die Knoblauchscheiben darin andünsten. Dann den Knoblauch mit etwas Vermouth ablöschen und den Weißwein sowie den Geflügelfond angießen. Das Ganze so lange köcheln lassen, bis die Knoblauchscheiben weich sind.

100 g Sahne
100 g Crème fraîche
Salz
gemahlener weißer Pfeffer

Den Suppenansatz pürieren, durch ein feines Sieb passieren und wieder in den Topf geben. Sahne und Crème fraîche darunterrühren und die Suppe mit Salz sowie Pfeffer abschmecken. Die Suppe auf dem Herd zugedeckt warmhalten. Sie darf dabei nicht kochen.

4 Knoblauchzehen
2 Toastbrotscheiben
2 EL Olivenöl

Für die Einlage die Knoblauchzehen schälen und in feine Scheiben schneiden. Das Toastbrot entrinden und kleinwürfeln. Das Olivenöl in einer Pfanne erhitzen und beides darin goldgelb braten.

3 EL geschlagene Sahne

Die Suppe mit dem Pürierstab sehr schaumig aufschlagen und die geschlagene Sahne darunterheben. Die Suppe auf 4 Teller verteilen und die gerösteten Knoblauch- sowie Brotstückchen darauf streuen.

Mein Tip

Diese köstliche Suppe ist wahrhaftig etwas für die Knoblauchfans unter Ihnen.
Genießen Sie sie am besten in Gesellschaft, denn nichts ist schlimmer als wenn nur einer Knoblauch gegessen hat.

K·l·e·i·n·e G·e·r·i·c·h·t·e

SÜSS-SAUER EINGELEGTE GURKEN

4 Personen

1 Salatgurke — Die Gurke schälen, längs halbieren und die Kerne mit einem Teelöffel herausschaben. Die Gurkenhälften in etwa 3 mm dicke Scheiben schneiden.

50 g Zucker
4 EL Weißweinessig
10 Zweige Koriandergrün
5 Estragonblättchen
2 Lorbeerblätter
½ TL Korianderkörner

Dann ¼ l Wasser zusammen mit Zucker, Essig, gewaschenen Kräutern, Lorbeer und Korianderkörnern aufkochen lassen. Die Gurkenscheiben hineingeben, alles kurz aufkochen und dann abkühlen lassen.

1 verschließbares Glas — Die Gurken zusammen mit der Marinade in ein verschließbares Glas geben und 24 Stunden durchziehen lassen. Nach der Marinierzeit die Gurken in einem Sieb abtropfen lassen und dabei den Sud in einer Schüssel auffangen. Die Gewürzstückchen aus den Gurken herauslesen.

90 g Crème fraîche
1 Spritzer Sherryessig
1 TL feingeschnittene Korianderblättchen
Salz
gemahlener schwarzer Pfeffer

Für die Sauce die Crème fraîche mit dem Sherryessig und den Korianderblättchen sowie mit 3 Eßlöffeln vom Gurkensud glattrühren. Mit Salz und Pfeffer abschmecken. Die Gurken mit der Sauce vorsichtig mischen und auf 4 Tellern anrichten.

Dazu schmeckt Bauernbrot sehr gut.

Mein Tip

Als ursprüngliche Heimat der Gurke gelten die Südhänge des Himalayas im nördlichen Indien. Nach einer anderen Überlieferung soll das tropische Afrika die Urstätte gewesen sein. Im nördlichen Europa wurde die Gurke erst im Mittelalter bekannt. Heutzutage gehört sie zum Speiseplan einfach dazu.
Junge Gurken können mit der Schale verzehrt werden. Ältere sollte man besser schälen, da die Schale dann oft leicht bitter schmeckt.

Kleine Gerichte

geht schnell
4 Personen

Gebackene Emmentalerwürfel mit Joghurt-Gurken-Dip

¼ Salatgurke
150 g Vollmilchjoghurt
2 feingehackte Knoblauchzehen
etwas Cayennepfeffer
1 Prise edelsüßes Paprikapulver
1 TL feingehackte Petersilie

Für den Dip die Gurke schälen, halbieren, entkernen und fein reiben. Den Joghurt mit Knoblauch und Gurke verrühren und mit Cayennepfeffer, Paprikapulver sowie Petersilie abschmecken.

200 g Emmentaler am Stück
2 EL Mehl
2 Eier
je 1 EL Petersilie, Kerbel und Schnittlauch (gehackt)
Salz, gemahlener weißer Pfeffer

Den Emmentaler in 3 cm große Würfel schneiden. Die Eier mit dem Mehl, den Kräutern und etwas Salz sowie Pfeffer verquirlen.

ca. 60 g Mehl
100 g Semmelbrösel
Öl zum Ausbacken

Die Käsewürfel zuerst im Mehl, dann in der Eier-Kräuter-Mischung wenden und anschließend in den Semmelbröseln wälzen.
Reichlich Öl in einem Topf erhitzen und die Käsewürfel darin schwimmend goldbraun ausbacken. Mit einer Schaumkelle herausnehmen und auf Küchenkrepp abtropfen lassen. Die Käsewürfel auf 4 Tellern zusammen mit dem Dip anrichten.

braucht Zeit
4 Personen

Hefebrot mit Oliven und Oregano

70 ml Milch
30 g frische Hefe (ca. ¾ Würfel)
6 EL Mehl
4 EL Zucker
Frischhaltefolie

Die Milch erwärmen und in eine Schüssel gießen. Die Hefe hineinbröckeln, das Mehl und den Zucker hinzufügen. Das Ganze zu einem glatten Vorteig verrühren und ihn mit Frischhaltefolie zugedeckt an einem warmen Ort etwa ½ Stunde gehen lassen.

300 g Mehl
1 Ei
4 Eigelb
½ TL Salz
120 g zimmerwarme Butter
120 g schwarze Oliven, entsteint
1 TL gemahlener Oregano
1 EL gehackte Petersilie
1 EL gemahlener Majoran
1 TL gehackter Knoblauch
abgeriebene Schale von 1 unbehandelten Zitrone

Den Teig in die Küchenmaschine geben. Mehl, Ei, Eigelbe, Salz und Butter hinzufügen und gut unterkneten. Dann geviertelte Oliven, Kräuter, Knoblauch und Zitronenschale darunterarbeiten. Den Teig nochmals kräftig durchkneten, bis er Blasen wirft.

Butter für die Form
Frischhaltefolie

Den Teig in 3 gleich große Teile teilen und daraus jeweils eine feste Kugel formen. Eine Kastenform mit Butter ausstreichen, die Teigkugeln nebeneinander hineinsetzen und mit Folie zugedeckt an einem warmen Ort etwa 1 Stunde gehen lassen.

1 Eigelb zum Bestreichen

Den Backofen auf 180 °C vorheizen. Das Eigelb mit etwas Wasser verquirlen und die Brotoberfläche damit bestreichen. Das Brot im Ofen etwa 25 Minuten backen.

geht schnell
4 Personen

Fetakäsesalat

300 g Feta (griechischer Schafskäse)
1 Salatgurke
1 rote Paprikaschote
2 Tomaten
2 kleine Schalotten
100 g schwarze Oliven

Den Feta in mundgerechte Würfel schneiden. Die Gurke schälen, längs halbieren, die Kerne mit einem Teelöffel herausschaben und das Fruchtfleisch in Scheiben schneiden. Die Paprikaschote putzen, waschen und in Streifen schneiden. Die Tomaten waschen, von den Stielansätzen befreien und achteln. Die Schalotten schälen und in feine Ringe schneiden. Alle vorbereiteten Zutaten zusammen mit den Oliven in eine Schüssel geben und locker mischen.

6 EL Balsamessig
80 ml Olivenöl
1 TL gemahlener Oregano
2 gehackte Knoblauchzehen
Salz
1 EL gehackte Petersilie

Essig, Öl, Oregano, Knoblauch, Salz und Petersilie zu einem Dressing verrühren und dieses über den Salat gießen. Alles nochmals locker mischen und eventuell nachwürzen.

K·l·e·i·n·e G·e·r·i·c·h·t·e

Kümmelspatzen mit Endiviensalat

braucht Zeit
4 Personen

200 ml Milch *10 g frische Hefe (ca. ¼ Würfel)* *1 Prise Zucker* *4 EL Mehl* *Frischhaltefolie*	Für die Kümmelspatzen die Milch erwärmen, in eine Schüssel gießen und die Hefe hineinbröckeln. Den Zucker sowie das Mehl dazugeben und das Ganze glattrühren. Den Vorteig mit Frischhaltefolie zugedeckt an einem warmen Ort etwa ½ Stunde gehen lassen.
120 g Mehl *2 Eier* *1 EL gemahlener Kümmel* *etwas Salz* *Frischhaltefolie*	Zunächst das Mehl, dann Eier, Kümmel und etwas Salz unter den Teig kneten. Diesen nochmals mit Frischhaltefolie zugedeckt an einem warmen Ort etwa ½ Stunde gehen lassen.
2 kleine Köpfe Endiviensalat *12 Kirschtomaten* *Salz* *gemahlener schwarzer Pfeffer* *6 Knoblauchzehen* *Öl zum Fritieren*	Inzwischen die Salatköpfe putzen und in lauwarmem Wasser gut waschen (das laugt die Bitterstoffe aus). Dann die Blätter trockenschleudern und in mundgerechte Stücke zupfen. Die Tomaten waschen, halbieren und mit Salz sowie Pfeffer bestreuen. Die Knoblauchzehen schälen und im heißen Öl goldgelb fritieren.
1 Knoblauchzehe *Salz* *50 g Quark* *6 EL Sahne* *2 EL Kräuteressig* *4 EL Milch* *1 TL flüssiger Honig* *1 TL gehackter Thymian* *1 TL gehackter Estragon* *1 EL gehackte Petersilie* *Salz* *gemahlener weißer Pfeffer*	Für das Dressing die geschälte Knoblauchzehe zusammen mit etwas Salz sehr fein hacken, so daß eine Paste entsteht. Diese in einer Schüssel mit Quark und Sahne glattrühren. Essig, Milch und Honig darunterrühren und alles mit Kräutern, Salz sowie Pfeffer abschmecken.
einige Kerbelblättchen	Die Salatblätter in dem Dresssing wenden und auf 4 großen Tellern anrichten. Den Salat mit den Tomatenhälften, dem fritierten Knoblauch und den gewaschenen Kerbelblättchen garnieren.
Öl und Kokosfett zum Ausbacken	In einem großen Topf reichlich Öl und etwas Kokosfett auf 180 °C erhitzen. Vom Teig mit einem Teelöffel kleine Portionen abstechen und im Fett portionsweise goldbraun ausbacken. Dabei die Spatzen immer etwas drehen, damit sie gleichmäßig garen und braun werden. Die Spatzen mit einem Schaumlöffel herausnehmen und auf Küchenkrepp abtropfen lassen. Dann auf die Teller mit dem Salat geben.

Kleine Gerichte

geht schnell
4 Personen

ZIEGENKÄSEBÄLLCHEN MIT RADIESCHENSALAT

400 g Ziegenfrischkäse
1 TL edelsüßes Paprikapulver
Salz, gemahlener Pfeffer

Den Ziegenfrischkäse in ein Küchentuch geben, leicht auspressen und in eine Schüssel geben. Paprikapulver sowie etwas Salz und Pfeffer darunterrühren. Den Käse in 4 Portionen teilen und aus jeder Portion 4 Bällchen rollen.

2 EL Schnittlauchröllchen
2 EL geschroteter weißer Pfeffer
2 EL Pinienkerne

Jeweils 4 Bällchen in den Schnittlauchröllchen, im geschroteten Pfeffer und in den gerösteten und gehackten Pinienkernen wälzen. Die übrigen 4 Bällchen natur lassen.

1 Bund Radieschen
4 Frühlingszwiebeln
Salz

Die Radieschen und die Frühlingszwiebeln waschen, putzen und jeweils in feine Scheiben schneiden. Diese salzen und kurz Saft ziehen lassen.

2 Schalotten
4 EL Hühnerbrühe
80 ml Weißweinessig
Salz, gemahlener Pfeffer
1 TL flüssiger Honig
80 ml Distelöl

Die Schalotten schälen und fein würfeln. Sie in einem Topf zusammen mit Brühe, Essig, etwas Salz und Pfeffer und dem Honig erwärmen. Dann das Öl hinzufügen. Das Dressing gut verrühren und über die Radieschen- und Frühlingszwiebelscheiben gießen. Den Salat zusammen mit den Käsebällchen servieren.

braucht Zeit
4 Personen

SCAMPI IN KARTOFFELSPAGHETTI MIT PFEFFER-TOMATEN-MARMELADE

2 Schalotten
3 EL Olivenöl
etwas Honig
50 ml Tomatensaft
Salz
gemahlener bunter Pfeffer

Für die Pfeffer-Tomaten-Marmelade die Schalotten schälen und fein würfeln. Das Öl erhitzen und die Schalotten darin langsam anbraten. Etwas Honig darunterrühren und alles mit dem Tomatensaft ablöschen. Die Sauce mit Salz und Pfeffer kräftig würzen und gut einköcheln lassen. Dann zugedeckt warmhalten.

16 Scampi (ca. 50 g je Stück)
2 große Kartoffeln

Die Scampi schälen, dabei die Schwanzflossen nicht entfernen. Die Scampi jeweils am Rücken einschneiden, die Därme herauswaschen und die Scampi gut trockentupfen. Die Kartoffeln schälen, waschen, trockentupfen und in einer speziellen Kartoffel-Gemüse-Maschine zu langen Spaghetti schneiden.

Salz
gemahlener schwarzer Pfeffer
6 EL Öl

Die Scampi mit Salz und Pfeffer würzen und in die Kartoffelspaghetti einwickeln. Das Öl in einer Pfanne erhitzen. Die Kartoffelwickel vorsichtig hineinsetzen und im heißen Fett goldbraun braten. Die Kartoffelhülle sollte dabei außen schön kroß und innen noch saftig sein. Die Kartoffelscampi auf Küchenkrepp kurz abtropfen lassen.

6 EL Tomatenwürfel
1 EL Thymianblättchen

Die Tomatenwürfel und die Thymianblättchen unter die Tomatenmarmelade heben und diese zusammen mit den Scampi servieren.
Dazu paßt ein gemischter Blattsalat mit einer Weißweinessigvinaigrette.

Mein Tip

Die Kartoffel-Gemüse-Maschine besitzen in der Regel nur Profis. Falls Sie jedoch eine kaufen möchten, finden Sie auf der letzten Seite dieses Buches eine Kontaktadresse.
Sie können bei diesem Rezept aber auch improvisieren: Hobeln Sie die Kartoffeln in hauchdünne Scheiben, und schneiden Sie sie in feine Stifte. Braten Sie zunächst die Scampischwänze in etwas Öl, braten Sie dann aus den Kartoffelstiften 16 kleine, hauchdünne Rösti, und rollen Sie die Scampi darin ein.

Kleine Gerichte

4 Personen

SHRIMPSPLÄTZCHEN MIT FEINWÜRZIGEM SELLERIESALAT

2 Knoblauchzehen
1 TL Korianderblättchen
¼ Bund Knoblauchkraut
1 Tomate

Die Knoblauchzehen schälen und fein hacken. Korianderblättchen und Knoblauchkraut waschen, trockentupfen und ebenfalls fein hacken. Die Tomate waschen, vom Stielansatz befreien und fein würfeln. Die vorbereiteten Zutaten in eine Schüssel geben.

200 g ausgelöste Shrimps
Salz
gemahlener weißer Pfeffer
gemahlene Muskatnuß
1 Ei
1 Eigelb

Die Shrimps mit einem scharfen Messer in sehr kleine Würfel schneiden und in die Schüssel geben. Etwas Salz, Pfeffer und Muskat, das Ei sowie das Eigelb hinzufügen und das Ganze gründlich verkneten. Aus der Masse mit leicht feuchten Händen kleine Plätzchen von etwa 4 cm Durchmesser formen.

1 kleine Staude Bleichsellerie
Salz

Für den Salat den Sellerie waschen, putzen und die Fäden mit einem kleinen Messer abziehen. Die Stangen in Rauten schneiden, in heißem Salzwasser kurz blanchieren und abschrecken.

2 Schalotten, feingewürfelt
3 EL Sesamöl
Saft von ½ Limette
Saft von ½ Orange
Salz
1 EL rote Pfefferkörner
einige Sellerieblättchen

Die Selleriestückchen zusammen mit den Schalottenwürfeln im Sesamöl kurz andünsten. Dann mit dem Limetten- und dem Orangensaft ablöschen und die Flüssigkeit kurz einköcheln lassen. Den roten Pfeffer dazugeben und alles gut durchschwenken. Zum Schluß die Sellerieblättchen darunterziehen.

6–8 EL Öl zum Ausbacken

Das Öl in einer großen Pfanne erhitzen. Die Shrimpsplätzchen darin bei mittlerer Hitze von beiden Seiten insgesamt etwa 4 Minuten braten. Sie dann zusammen mit dem Salat auf 4 Tellern anrichten.

Mein Tip

Knoblauchkraut, auch Knoblauchgras genannt, erhalten Sie im gutsortierten Gemüsefachhandel oder in Asienläden. Es sieht ähnlich aus wie Schnittlauch und hat ein feines Knoblaucharoma.

K·l·e·i·n·e G·e·r·i·c·h·t·e

 geht schnell
4 Personen

Tomatennudeln mit Chili

200 g Bandnudeln
Salz
2 Schalotten
1 EL Olivenöl
1 EL gehackte rote Chilischote
etwas Chilipulver

Die Nudeln in Salzwasser bißfest garen. Inzwischen die Schalotten schälen, fein würfeln und im Olivenöl kurz anbraten. Die gehackte Chilischote dazugeben und alles mit etwas Chilipulver würzen.

1 EL Tomatenmark
200 g Sahne
Salz
gemahlener schwarzer Pfeffer

Das Tomatenmark dazugeben und unter Rühren leicht anrösten. Dann die Sahne angießen, alles gut mischen und mit Salz sowie Pfeffer würzen.

1 EL gehackte Petersilie

Die Nudeln abgießen, abspülen, gut abtropfen lassen und mit der Chilisauce mischen. Zuletzt die Petersilie darunterheben und das Gericht noch einmal würzig-scharf abschmecken.

4 Personen

Eingelegter Fetakäse mit Kirschtomaten

400 g Feta (griechischer Schafskäse) *1 Zwiebel* *½ Staude Bleichsellerie*	Den Käse in 1 cm große Würfel schneiden und in eine Schüssel geben. Die Zwiebel schälen und kleinwürfeln. Den Sellerie waschen, putzen, schälen und in feine Scheiben oder Stifte schneiden. Beides zum Käse geben und locker mischen.
Saft von 1 Limette *1 zerdrückte Knoblauchzehe* *1 TL zerdrückte rote Pfefferkörner* *100 ml kaltgepreßtes Olivenöl* *1 Prise gemahlener Koriander* *Salz* *1 EL gehackte glatte Petersilie* *Frischhaltefolie*	Limettensaft, Knoblauch, Pfefferkörner, Öl, Koriander, etwas Salz und die Petersilie gut miteinander verrühren. Die Marinade über die Käsemischung geben und alles mit Frischhaltefolie abgedeckt für etwa 3 Stunden in den Kühlschrank stellen.
12 Salbeiblätter *4 Thymianzweige* *16 Kirschtomaten*	Den eingelegten Feta auf 4 Tellern anrichten und mit den gewaschenen Salbeiblättchen, Thymianzweigen sowie Kirschtomaten garnieren.

4 Personen

Lauwarmer Krautsalat

1 kleiner Weißkohlkopf *2 kleine Zwiebeln*	Die Weißkohlblätter vom Strunk ablösen, waschen, gut trockentupfen und in sehr feine Streifen scheiden. Die Zwiebeln schälen und kleinwürfeln.
4 EL Öl *½ TL Kümmel* *6 EL Weißweinessig*	Das Öl in einer Pfanne erhitzen und die Zwiebeln darin kurz anbraten. Den Kümmel dazugeben und alles mit dem Essig ablöschen.
8 EL Gemüsebrühe *5 EL Öl* *Salz* *gemahlener schwarzer Pfeffer* *1 Prise Paprikapulver edelsüß*	Die Brühe sowie das Öl hinzufügen, alles gut mischen und mit Salz, Pfeffer und Paprikapulver würzen. Die Weißkohlstreifen dazugeben und unter Rühren bißfest dünsten. Den Salat nochmals abschmecken und lauwarm servieren. Dazu paßt kalter Schweinebraten sehr gut.

K·l·e·i·n·e G·e·r·i·c·h·t·e

Gerösteter Tofu mit Gurke, Kartoffeln und Chilikartoffelchips

6 Personen

200 g festkochende Kartoffeln
Fett zum Fritieren
etwas Chilipulver
Salz
je ½ TL feingehackte rote und grüne Chilischote

Für die Chips die Kartoffeln schälen und in hauchdünne Scheiben schneiden. Reichlich Fett in einem Topf erhitzen. Den Stiel eines Holzkochlöffels hineinhalten. Sobald sich ringsherum Bläschen bilden, hat das Fett die richtige Temperatur. Die Kartoffelscheiben im Fett portionsweise goldbraun ausbacken. Sie dann auf Küchenkrepp abtropfen lassen. Aus etwas Chilipulver, Salz und den Chilischoten eine Gewürzmischung herstellen und die Chips damit würzen.

50 g Haselnußkerne
150 g Kartoffeln
150 g Tofu
150 g Salatgurke
Salz

Die Haselnußkerne in einer beschichteten Pfanne ohne Fettzugabe goldgelb rösten, dann herausnehmen. Die Kartoffeln schälen und in sehr kleine Würfel schneiden. Den Tofu und die gewaschene Gurke ebenfalls fein würfeln. Die Kartoffeln in Salzwasser in etwa 5 Minuten weich kochen. Dann abgießen.

1 EL Sesamöl
2 EL Pflanzenöl
1 Thymianzweig
80 g Sojasprossen

Die Ölsorten zusammen in einem Wok oder in einer hohen Pfanne erhitzen. Den Tofu zusammen mit dem Thymianzweig darin unter Rühren kräftig anbraten. Nacheinander Kartoffelwürfel, Gurken sowie die abgespülten, trockengetupften Sojasprossen hinzugeben und kurz mitbraten.

Salz
gemahlener schwarzer Pfeffer
etwas Chilipulver

Die Haselnußkerne zur Tofumischung geben. Das Ganze mit Salz, Pfeffer und Chilipulver würzig abschmecken. Dann aus dem Wok nehmen und warmhalten.

Saft von 1 Zitrone
300 ml Fischfond (aus dem Glas)
½ gehackte Knoblauchzehe
je 1 feingehackte rote und gelbe Chilischote
1 Prise Zucker
etwas Chilipulver
1 TL Speisestärke

Den Zitronensaft und den Fischfond in den heißen Wok geben. Knoblauch und die Chilischoten hinzufügen und die Sauce auf etwa zwei Drittel einkochen lassen. Mit Zucker und Chilipulver abschmecken. Die Speisestärke mit etwas Wasser glattrühren und die Sauce damit binden. Die Tofu-Gurken-Mischung mit der Sauce mischen und das Ganze in einer Schüssel oder auf 4 Tellern anrichten. Die Chilikartoffelchips dazu servieren.

Mein Tip

Sesamöl erhalten Sie in Feinkostabteilungen oder in Asienläden. Es ist hell und schmeckt sehr aromatisch, deshalb wird es zum Kochen meist mit anderen, milden Ölsorten gemischt. Sie können es auch als Würzmittel über fertige Gerichte träufeln.

Kleine Gerichte

 Pfifferlingskuchen mit Kardamom

4 Personen

1 Paket TK-Blätterteig (300 g) *2 kleine Zwiebeln* *40 g Rauchfleisch* *200 g Pfifferlinge*	Den Blätterteig antauen lassen. Den Backofen auf 220 °C vorheizen. Die Zwiebeln schälen und zusammen mit dem Rauchfleisch würfeln. Die Pfifferlinge mit einem Papiertuch gut säubern.
2 EL Öl *je 1 TL Schnittlauchröllchen und gehackte Petersilie* *Salz* *Pfeffer, Muskatnuß (gemahlen)* *etwas gemahlener Knoblauch*	Das Öl in einer Pfanne erhitzen und die Pilze darin anbraten. Die Zwiebelwürfel hinzugeben und goldgelb rösten. Schnittlauch sowie Petersilie darunterheben, die Pilzmischung mit Salz, Pfeffer, Muskat und Knoblauch abschmecken und abkühlen lassen.
70 g Sahne *2 Eier* *etwas gemahlener Kardamom* *Salz* *Pfeffer, Muskatnuß (gemahlen)*	Den aufgetauten Blätterteig sich leicht überlappend als Quadrat auslegen und sehr dünn ausrollen. Eine Springform (24 cm Durchmesser) damit auslegen, so daß Boden und Rand mit Teig verkleidet sind. Den Teig mit einer Gabel mehrmals einstechen, die Pilzmischung darauf geben und glattstreichen. Sahne, Eier und Kardamom miteinander verquirlen. Den Guß mit Salz, Pfeffer und Muskat würzen und über die Pilze gießen. Etwa 15 bis 20 Minuten auf der mittleren Schiene backen.

H·a·u·p·t·g

e · r · i · c · h · t · e

HÜHNERBÄLLCHEN IM REISMANTEL

4 Personen

100 g Basmatireis (Duftreis) **Salz** **1 rote Paprikaschote** **1 Babyananas**	Den Reis in Salzwasser bißfest garen. Dann abgießen, kalt abspülen und gut abtropfen lassen. Inzwischen die Paprikaschote putzen, waschen und fein würfeln. Von der Ananas Schopf und Boden abschneiden, die Frucht schälen, längs achteln und die harten Innenstrünke abschneiden. Das Fruchtfleisch kleinwürfeln.
1 ½ EL Zucker **200 ml Tomatensaft** **1 EL Weißweinessig** **Salz**	Den Zucker in einer Pfanne karamelisieren lassen. Mit dem Tomatensaft ablöschen und das Ganze einkochen lassen. Essig, Paprika- sowie Ananaswürfel hinzufügen und die Sauce aufkochen lassen. Mit Salz abschmecken und warm halten.
je 1 Knoblauchzehe und Schalotte **1 EL Öl** **3 Poulardenbrüste** **1 TL Sojasauce** **½ TL gemahlener Koriander**	Den Knoblauch und die Schalotte schälen und fein würfeln. Beides zusammen im Öl anbraten und beiseite stellen. Die Poulardenbrüste waschen, trockentupfen und durch die feine Scheibe des Fleischwolfs drehen. Mit Sojasauce und gemahlenem Koriander würzen. Knoblauch sowie Schalotte dazugeben.
2 Eier **50 g Mehl, 1 Msp. Backpulver** **1 Msp. Currypulver** **1 EL Speisestärke** **1 EL gehackte Korianderblättchen**	Eier, Mehl, Backpulver, Currypulver, Speisestärke und 3 Eßlöffel gegarten Reis miteinander gut verrühren. Die Masse zum Poulardenfleisch geben, die Korianderblättchen hinzufügen und das Ganze gut mischen.
500 ml Öl	Das Öl in einem Topf auf 180 °C erhitzen. Aus der Masse mit leicht feuchten Händen kleine Bällchen formen und im restlichen Reis wälzen. Dann im heißen Fett goldgelb frittieren. Die Bällchen auf Küchenkrepp abtropfen lassen. Zusammen mit der Sauce auf 4 Tellern anrichten.

SAFRANREIS

4 Personen

1 kleine Zwiebel **1 Knoblauchzehe** **2 EL Öl**	Die Zwiebel und den Knoblauch schälen. Die Zwiebel in kleine Würfel schneiden, den Knoblauch fein hacken. Das Öl in einem Topf erhitzen und beides darin zusammen kurz anbraten.
120 g italienischer Rundkornreis **1 Tütchen Safranfäden** **375 ml Geflügelbrühe**	Den Reis dazugeben und kurz glasig dünsten. Die Safranfäden hinzufügen und ebenfalls kurz andünsten. Dann unter ständigem Rühren nach und nach die Geflügelbrühe angießen. Den Reis etwa 20 Minuten bei milder Hitze offen köcheln lassen.
Salz, gemahlener weißer Pfeffer **2 EL frisch geriebener Parmesan** **einige Kerbelblättchen**	Den fertig gegarten Reis vom Herd nehmen und mit Salz sowie Pfeffer abschmecken. Zuletzt den Parmesan und die gewaschenen Kerbelblättchen darüberstreuen.

H·a·u·p·t·g·e·r·i·c·h·t·e

Putenbruststreifen mit fernöstlich gewürztem Gemüse

braucht Zeit
4 Personen

3 EL Mu-Err-Pilze *400 g Putenbrust* *3 EL Sojasauce* *1 EL Maisstärke*	Die Mu-Err-Pilze für etwa 1 Stunde in kaltem Wasser einweichen. Die Putenbrust waschen, trockentupfen und in dünne Streifen schneiden. Diese in einer Schüssel mit Sojasauce und Maisstärke mischen. Etwa ½ Stunde marinieren lassen.
150 g rote Paprikaschote *150 g grüne Paprikaschote* *50 g Chinakohl*	Inzwischen die Paprikaschoten putzen, waschen und in Streifen schneiden. Den Chinakohl putzen, waschen und ebenfalls in Streifen schneiden
5–6 EL Sesamöl	Das Öl in einem Wok oder in einer tiefen Pfanne erhitzen und das Fleisch darin anbraten. Paprikastreifen und abgetropfte Pilze dazugeben und kurz unter Rühren mitbraten.
50 g Sojasprossen *1 EL gehackter Knoblauch* *1 TL Currypulver* *1 Msp. gemahlener Ingwer* *1 Msp. Kurkumapulver* *Salz* *2 EL süße Chilisauce* *2 EL Austernsauce* *(aus dem Asienladen)*	Dann Sojasprossen, Knoblauch, Chinakohl, Curry-, Ingwer- und Kurkumapulver, etwas Salz sowie Chili- und Austernsauce hinzufügen. Alles gut mischen und unter Rühren noch kurz braten.

1 EL gehackte Korianderblätter — Das Gericht auf 4 Tellern anrichten und mit den gewaschenen Korianderblättchen garnieren.

Mein Tip

Chinakohl ist äußerst vielseitig in der Küche einsetzbar. Er wird ebenso gerne als Salat wie als Warmgemüse zubereitet. Frisch verwendet, schmeckt Chinakohl am besten, aber auch zum Einfrieren eignet er sich sehr gut. Dafür wird er zerkleinert, kurz blanchiert und dann, gut abgetropft, in Folienbeutel verpackt.

Hauptgerichte

Paprikahähnchen mit buntem Paprikagemüse

braucht Zeit
4 Personen

4 Hähnchenkeulen à ca. 200 g
Salz
gemahlener weißer Pfeffer
1 EL Paprikapulver edelsüß
150 g Zwiebeln
60 g Speck
3 Knoblauchzehen

Den Backofen auf 200 °C vorheizen. Die Hähnchenkeulen waschen, gut trockentupfen und mit Salz, Pfeffer sowie Paprikapulver würzen. Die Zwiebeln schälen und in feine Streifen schneiden. Den Speck würfeln, die Knoblauchzehen schälen und in Scheiben schneiden.

3 EL Öl
1 Thymianzweig
5 Lorbeerblätter

Das Öl in einer großen, feuerfesten Pfanne erhitzen und die Keulen darin von allen Seiten anbraten. Dann herausnehmen und beiseite legen. Zwiebelstreifen, Speckwürfel, Knoblauchzehen, Thymian und Lorbeer in die Pfanne geben und unter Rühren goldgelb rösten. Die Pfanne vom Herd nehmen.

3 EL Paprikapulver edelsüß
Saft von 1 Zitrone
¾ l Hühnerbrühe

Das Paprikapulver einrühren. Den Zitronensaft hinzufügen und die Brühe angießen. Die Hähnchenkeulen in die Sauce legen und das Ganze einmal aufkochen lassen. Dann die Pfanne verschließen und für etwa 20 Minuten in den Ofen stellen.

200 g Crème fraîche
Salz
gemahlener schwarzer Pfeffer
1 TL Speisestärke

Danach das Fleisch herausnehmen. Die Sauce durch ein feines Sieb streichen und erneut erhitzen. Die Crème fraîche darunterziehen und die Sauce mit Salz sowie Pfeffer abschmecken. Die Speisestärke mit etwas Wasser glattrühren. Die Sauce damit binden und dann schaumig aufschlagen. Die Keulen wieder einlegen.

1 rote Paprikaschote
1 grüne Paprikaschote
3 EL Olivenöl
2 EL grobgehackte, glatte Petersilie
2 EL geschlagene Sahne

Die Paprikaschoten putzen, waschen und in große Rauten schneiden. Diese im Olivenöl anbraten und dann in die Sauce geben. Die Petersilie sowie die geschlagene Sahne unter die Sauce rühren. Hähnchenkeulen und Sauce zusammen servieren.
Dazu paßt gekochter Reis.

Hauptgerichte

HÄHNCHENKEULEN AUF INDISCHE ART MIT KURKUMAJOGHURT

braucht Zeit
4 Personen

4 Hähnchenkeulen	Die Hähnchenkeulen waschen, trockentupfen und jeweils am Gelenkknochen durchschneiden, so daß 8 Teile entstehen.
300 g Vollmilchjoghurt *5 EL Milch* *2 EL gemahlener Ingwer* *1 TL Kurkumapulver* *3 EL Sojasauce* *2 EL gehackte Korianderblättchen* *etwas Cayennepfeffer* *1 TL Zucker*	Den Joghurt mit Milch, Ingwer- sowie Kurkumapulver, Sojasauce, Korianderblättchen, etwas Cayennepfeffer und Zucker sorgfältig verrühren. Die Hähnchenteile rundherum mit dieser Mischung bestreichen, in eine Schüssel legen und zugedeckt über Nacht in den Kühlschrank stellen.
Salz	Am nächsten Tag den Backofengrill vorheizen. Einen Gitterrost mit Alufolie belegen und die Hähnchenteile darauf geben. Sie unter dem Grill in etwa 35 Minuten knusprig goldbraun braten. Das Fleisch erst zum Schluß mit etwas Salz würzen.
200 g Vollmilchjoghurt *1 EL Quark* *2 EL Milch* *etwas Kurkumapulver* *etwas gemahlener Ingwer* *Salz* *gemahlener weißer Pfeffer*	Während die Hähnchenteile im Ofen sind, den Kurkumajoghurt zubereiten. Dafür den Joghurt mit dem Quark glattrühren. Die Milch mit dem Kurkumapulver mischen und unter den Joghurt rühren. Alles mit Ingwer, Salz und Pfeffer abschmecken.
50 g Ananasfruchtfleisch *100 g Mangofruchtfleisch* *50 g rote Paprikaschote* *Korianderblättchen zum Garnieren*	Ananas, Mango und Paprikaschote in kleine Würfel schneiden und in den Joghurt geben. Hähnchenteile und Kurkumajoghurt zusammen auf 4 Tellern anrichten. Mit Korianderblättchen garnieren.

Mein Tip

Frische Ananas enthält Bromelin, ein eiweißspaltendes Enzym, welches ein Gericht bitter werden lassen kann. Daher sollten Sie Speisen, in denen die frische Frucht mit eiweißreichen Lebensmitteln, wie zum Beispiel Milchprodukten, kombiniert wird, möglichst schnell servieren und verzehren.

H·a·u·p·t·g·e·r·i·c·h·t·e

GERÖSTETE GELBE POULARDE

braucht Zeit
4 Personen

1 Poularde à ca. 1,5 kg
Salz
gemahlener weißer Pfeffer
1 Knoblauchzehe
1 Stück Ingwerwurzel
(ca. 2 cm lang)

Die Poularde innen und außen waschen und gut trockentupfen. Sie dann innen und außen mit Salz und Pfeffer würzen. Den Knoblauch und den Ingwer schälen und beides fein hacken.

1 Msp. Safranfäden
3 EL Sesamöl
300 g Vollmilchjoghurt
1 TL Zitronensaft
1 EL Kurkumapulver
1 TL gemahlener Kardamom
½ TL gemahlener Kreuzkümmel
Salz
gemahlener schwarzer Pfeffer

Die Safranfäden mit 2 Eßlöffeln Wasser, Öl, Joghurt, Zitronensaft, Kurkuma, Kardamom, Kreuzkümmel, Salz und Pfeffer glattrühren. Die Poularde mit dieser Paste bestreichen und etwa 40 Minuten marinieren.

4 EL Öl

Den Backofen auf 150 °C vorheizen. 2 Eßlöffel Öl in einem großen Bräter erhitzen. Die Poularde hineingeben und nochmals 2 Eßlöffel Öl darübergießen. Das Geflügel für etwa 60 Minuten in den Ofen schieben und während dieser Zeit immer wieder mit dem Bratenfond übergießen, damit es eine schöne goldgelbe Farbe bekommt.

PAPRIKAREIS

geht schnell
4 Personen

150 g Basmatireis
300 ml Geflügelbrühe
Salz
1 Lorbeerblatt

Den Basmatireis heiß abspülen und in einen Siebeinsatz geben. Die Geflügelbrühe in einem Topf erhitzen, salzen, das Lorbeerblatt dazugeben und den Reis im Siebeinsatz darüberhängen. Den Reis zugedeckt in etwa 18 bis 20 Minuten zugedeckt gardämpfen.

2 Schalotten
½ grüne Paprikaschote
½ rote Paprikaschote
½ gelbe Paprikaschote

Inzwischen die Schalotten schälen und in Würfel schneiden. Die Paprikaschoten putzen, waschen und ebenfalls kleinwürfeln.

50 g Butter
Salz
gemahlener schwarzer Pfeffer
etwas Cayennepfeffer

Wenn der Reis gar ist, die Butter in einer Pfanne erhitzen und die Schalotten darin goldgelb anrösten. Die Paprikaschoten und den Reis dazugeben und leicht anbraten. Mit Salz, Pfeffer und Cayennepfeffer würzen.

Hauptgerichte

Enteneintopf mit Kreuzkümmel

4 Personen

2 Entenbrustfilets à ca. 180 g
2 EL Öl
Salz, gemahlener Pfeffer
gemahlener Kreuzkümmel
750 g Rosenkohl

Die Entenbrustfilets im Öl anbraten. Sie dann mit Salz, Pfeffer sowie Kreuzkümmel würzen, herausnehmen und warm stellen. Den Rosenkohl waschen und putzen. Jeweils die Außenblätter ablösen und kurz in Salzwasser blanchieren.

50 g Schalotten
3 EL Butter
300 g gewürfelte Kartoffeln
200 g gewürfelte Karotten
etwas Zucker, Salz
1,5 l Fleischbrühe
geschroteter Kreuzkümmel
5 geschrotete Pfefferkörner
2 Nelken, 1 Lorbeerblatt

Die Schalotten schälen, in Scheiben schneiden und in der Butter andünsten. Kartoffel- und Karottenwürfel sowie die ganzen Rosenkohlröschen dazugeben und kurz mitdünsten. Etwas Zucker und Salz dazugeben und die Brühe angießen. Die Gewürze in ein Säckchen geben, es in die Suppe hängen und diese etwa 10 Minuten zugedeckt garen. Dann die Entenbrüste hinzufügen und das Ganze nochmals etwa 10 Minuten zugedeckt garen.

200 g Entenhackfleisch, 1 Ei
Salz, gemahlener Pfeffer
gemahlener Kreuzkümmel
5 EL geröstete Brotwürfel
1 TL gehackte Petersilie

Das Hackfleisch mit dem Ei und etwas Salz, Pfeffer sowie Kreuzkümmel gut mischen. Brotwürfel und Petersilie unterarbeiten. Aus der Masse mit leicht feuchten Händen kleine Klößchen formen. Diese in die blanchierten Rosenkohlblätter einwickeln und in den Eintopf geben. Alles bei milder Hitze nochmals etwa ¼ Stunde köcheln lassen.

Hauptgerichte

KALBSMEDAILLONS MIT WEISSER PFEFFERSAUCE UND PFIFFERLINGEN

braucht Zeit
4 Personen

4 dicke Kalbsmedaillons à ca. 120 g
Salz
gemahlener weißer Pfeffer
1 EL Öl
50 g Butter
Alufolie

Die Kalbsmedaillons waschen, trockentupfen und von eventuellen Häuten und Sehnen befreien. Das Fleisch etwas flachdrücken und mit Salz sowie Pfeffer würzen. Das Öl in einer Pfanne erhitzen und die Medaillons darin von beiden Seiten anbraten. Die Hitze reduzieren, die Butter dazugeben und das Fleisch 6 bis 8 Minuten braten. Es dabei ständig mit Butter beträufeln. Die Medaillons herausnehmen, in Alufolie einschlagen und warm halten.

3 EL weiße Pfefferkörner
2 Schalotten

Die weißen Pfefferkörner in der Mühle grob schroten, in ein sehr feines Sieb geben, in kochendem Wasser kurz blanchieren und abtropfen lassen. Die Schalotten schälen, in feine Würfel schneiden und zusammen mit dem blanchierten Pfeffer im Bratfett in der Pfanne andünsten.

200 g Kalbsfond aus dem Glas
150 g Sahne
Salz

Den Kalbsfond sowie die Sahne angießen und die Sauce bei mittlerer Hitze auf die Hälfte einkochen lassen. Die Sauce durch ein feines Sieb passieren, mit Salz abschmecken und mit dem Schneidestab oder dem Schneebesen aufmixen. Die Medaillons jeweils quer halbieren, in die Sauce legen und warm halten.

400 g Pfifferlinge
2 Schalotten
4 EL Öl
1 gehackte Knoblauchzehe
Salz
gemahlener weißer Pfeffer
2 EL Butter
1 EL gehackte Petersilie

Die Pfifferlinge säubern und putzen. Die Schalotten schälen und fein würfeln. Das Öl in der Pfanne erhitzen und die Pilze darin anbraten. Den Knoblauch und die Schalotten dazugeben und das Ganze unter Rühren gut braten. Mit Salz und weißem Pfeffer abschmecken. Zum Schluß die Butter und die Petersilie unter die Pilze rühren. Fleisch mit Sauce und Pilzen zusammen auf 4 Tellern anrichten.

ROASTBEEF IN DER THYMIANKRUSTE

braucht Zeit
4 Personen

800 g Roastbeef am Stück (ohne Fettdeckel)
Salz, gemahlener Pfeffer
3 Schalotten

Den Backofen auf 130 °C vorheizen. Das Roastbeef waschen, gut trockentupfen und mit Salz und Pfeffer einreiben. Die Schalotten ungeschält würfeln.

3 EL Öl
1 Knoblauchzehe
4 Thymianzweige
Alufolie

Das Öl erhitzen und das Roastbeef darin zusammen mit der ungeschälten Knoblauchzehe, dem Thymianzweig und den Schalotten anbraten. Alles zusammen in eine kalte Pfanne legen, die zuvor mit Alufolie ausgelegt wurde. Das Roastbeef im Ofen 50 bis 60 Minuten garen.

100 g weiche Butter
je 1 TL Dijon- und körniger Senf
1 Eigelb
1 TL gemahlener Thymian
100 g geriebenes Weißbrot
Salz, gemahlener Pfeffer

Inzwischen für die Kruste die Butter schaumig rühren und mit den Senfsorten, Eigelb, Thymian und Weißbrot gut verrühren. Mit Salz und Pfeffer abschmecken.

Frischhaltefolie

Die Thymiankruste zwischen 2 Lagen Frischhaltefolie auf die Größe des Roastbeefstücks ausrollen. Nach der Garzeit des Roastbeefs die Kräuterbutter auf das Fleisch legen und gut andrücken. Das Roastbeef unter dem Grill etwa 5 Minuten überbacken, bis die Kruste goldgelb ist.

EINGELEGTE ZWIEBELN MIT PAPRIKA

braucht Zeit
6 Personen

300 g Perlzwiebeln
je 2 rote und grüne Paprika

Die Perlzwiebeln kurz in heißes Wasser legen und dann schälen. Die Paprikaschoten putzen, waschen und in große Stücke schneiden.

5 EL Olivenöl
1 Zwiebel, in Streifen
6 grobgehackte Knoblauchzehen

Das Olivenöl in einer großen Pfanne erhitzen. Paprikaschoten, Zwiebelstreifen, Perlzwiebeln sowie Knoblauchzehen hineingeben, die Pfanne verschließen und das Gemüse bei mittlerer Hitze weichdünsten.

1 EL edelsüßes Paprikapulver
Saft von 1 Zitrone
3 feingewürfelte Sardellen
1 EL feingehackte Kapern
je 2 Rosmarin- und Thymianzweige
300 ml Fleischbrühe
1 EL grobgehacktes Basilikum
Salz, gemahlener Pfeffer

Dann Paprikapulver, Zitronensaft, Sardellen, Kapern, Kräuterzweige, Fleischbrühe und Basilikum hinzufügen. Das Ganze mit Salz und Pfeffer würzen, gut verrühren und etwa 5 Minuten köcheln lassen. Anschließend vom Herd nehmen und abkühlen lassen.

1 verschließbares Glas
5 EL Olivenöl

Die Zwiebelmischung in ein verschließbares Glas füllen. Das Olivenöl dazugeben und das Ganze verschlossen 1 Tag durchziehen lassen.

Hauptgerichte

SCHWEINEFILET MIT GEFÜLLTEM KOHLBLATT

4 Personen

600 g Schweinefilet *Salz, gemahlener Pfeffer*	Das Filet waschen, trockentupfen, von Häuten und Sehnen befreien und mit Salz sowie Pfeffer würzen.
800 g Weißkohl *100 g Schalotten, geschält* *100 g Dörrfleisch*	Den Backofen auf 150 °C vorheizen. Vom Weißkohl die Blätter ablösen und kurz in kochendem Salzwasser blanchieren. 4 schöne Blätter zum Füllen beiseitelegen, die restlichen klein würfeln. Die Schalotten und das Dörrfleisch würfeln.
3 EL Butter *1 Knoblauchzehe* *Salz, gemahlener Pfeffer* *etwas gemahlener Kümmel* *200 ml Weißwein* *2 EL Weizenvollkornmehl*	Die Butter in einem Topf erhitzen und die gewürfelten Zutaten darin kurz anbraten. Die geschälte Knoblauchzehe dazupressen und alles mit Salz, Pfeffer sowie etwas Kümmel würzen. Das Gemüse mit dem Wein ablöschen und zugedeckt bißfest garen. Es dann mit dem Mehl bestäuben und alles gut mischen.
Salz, gemahlener Pfeffer *Küchengarn* *4 EL Zwiebelwürfel* *2 EL Öl*	Die Gemüsemischung auf die mit Salz und Pfeffer gewürzten Kohlblätter legen. Die Blätter einzeln zu Rouladen zusammenrollen und diese mit Küchengarn binden. Die Rouladen zusammen mit den Zwiebelwürfeln im heißen Öl anbraten, dann im Ofen etwa 15 Minuten garen.
3 EL Öl *3 EL Butter* *2 Schalotten, in Scheiben* *50 ml Brühe* *etwas gemahlener Thymian*	Das Öl in einer Pfanne erhitzen und das Filet darin von allen Seiten anbraten, bis es eine Kruste bekommen hat. Dann die Hitze reduzieren, die Butter und die Schalottenscheiben in die Pfanne geben und das Fleisch unter ständigem Begießen 6 bis 7 Minuten braten. Die Brühe in die Pfanne geben, etwas Thymian auf das Fleisch streuen und es weitere 5 bis 6 Minuten unter ständigem Begießen braten.

SEMMELAUFLAUF MIT ÄPFELN

4 Personen

3 altbackene Brötchen *100 ml Milch* *1 Ei*	Die Brötchen entrinden, in gleich große Würfel schneiden und in eine Schüssel geben. Die Milch erwärmen und darübergießen. Das Ei hinzufügen.
1 Schalotte *1 großer Apfel (z. B. Cox Orange)* *2 EL Butter* *1 TL feingehackte Petersilie* *¼ TL gemahlener Thymian* *Salz, gemahlener Pfeffer* *etwas gemahlene Nelken und Zimt*	Den Backofen auf 180 °C vorheizen. Die Schalotte und den Apfel schälen. Den Apfel vom Kerngehäuse befreien, dann beides fein würfeln. Die Schalotte in der Butter anbraten. Kräuter sowie Gewürze zur Schalotte geben und unter Rühren andünsten. Die Mischung zu den Brötchen geben, die Apfelwürfel hinzufügen und das Ganze gut mischen.
Butter und Semmelbrösel für die Förmchen *2 EL Semmelbrösel*	4 kleine Förmchen mit Butter ausstreichen und mit Semmelbröseln ausstreuen. Die Auflaufmasse hineinfüllen und im Wasserbad im Ofen 12 bis 15 Minuten garen.

H·a·u·p·t·g·e·r·i·c·h·t·e

Kalbsleber mit Birnen, Basilikum und Estragon

8 Scheiben Kalbsleber à 70 g
Mehl
3 EL Öl

Die Leberscheiben waschen, gut trockentupfen, in Mehl wenden und überschüssiges Mehl abklopfen. Die Leberscheiben in einer Pfanne im Öl bei mittlerer Hitze von jeder Seite etwa 3 Minuten braten. Sie dann aus der Pfanne nehmen und zugedeckt warmstellen.

2 Birnen, geschält und geachtelt
3 Schalotten, gewürfelt
1 TL Honig
ca. 2 EL Balsamessig
150 ml Kalbsfond
1 TL gemahlener Estragon
Salz
gemahlener schwarzer Pfeffer

Die Birnenspalten ins Öl geben und kurz anbraten. Die Schalotten und den Honig hinzufügen und kurz glasieren. Alles mit dem Essig ablöschen. Den Kalbsfond angießen und einkochen lassen. Dann die Birnen mit Estragon, Salz sowie Pfeffer abschmecken.

4 EL kalte Butter, in Stückchen

Die Birnenmischung vom Herd nehmen und die Flüssigkeit mit der kalten Butter binden. Die Leber zum Birnengemüse geben und kurz in der Sauce glasieren.

Stampfkartoffeln mit grünem Pfeffer und Oliven

500 g mehligkochende Kartoffeln
Salz

Die Kartoffeln schälen und in Salzwasser weichgaren. Dann abgießen, kurz ausdämpfen lassen und in einer Schüssel mit einem Kartoffelstampfer zerdrücken.

2 Schalotten
100 ml Olivenöl
je 50 g schwarze und grüne entsteinte Oliven
1 EL eingelegte grüne Pfefferkörner (aus dem Glas)

Die Schalotten schälen, fein würfeln und im Olivenöl anbraten. Die Oliven und die Pfefferkörner hinzufügen und kurz mitbraten.

1 EL feingehackte Petersilie
Salz
gemahlener schwarzer Pfeffer

Die Petersilie unter die Schalottenmischung heben, alles mit Salz und Pfeffer kräftig würzen und dann über die Stampfkartoffeln gießen.

Hauptgerichte

Szegediner Gulasch

braucht Zeit
4 Personen

2 Knoblauchzehen *2 TL Kümmel* *600 g Schweinefleisch aus der Schulter* *3 Zwiebeln*	Den Knoblauch schälen und in einem Mörser zusammen mit dem Kümmel zu einer Paste zerreiben. Das Fleisch in mundgerechte Würfel schneiden. Die Zwiebeln schälen und in feine Streifen schneiden.
1 EL Öl *4 EL edelsüßes Paprikapulver* *ca. 100 ml Fleischbrühe*	Das Öl in einem großen Topf erhitzen und die Zwiebeln darin glasig braten. Dann die Knoblauchpaste hineinrühren und das Paprikapulver dazusieben. Die Brühe angießen, das Ganze gut verrühren und anschließend vollständig einkochen lassen.
Salz *gemahlener schwarzer Pfeffer* *ca. 400 ml Fleischbrühe*	Das Fleisch dazugeben und gut anbraten. Alles mit Salz sowie Pfeffer würzen und die Brühe angießen. Den Topf verschließen und das Ganze bei mittlerer Hitze etwa 1 Stunde schmoren lassen.
800 g Sauerkraut *250 g saure Sahne*	Etwa ¼ Stunde vor Ende der Garzeit das Sauerkraut hinzugeben und mitschmoren. Danach das Gulasch gut durchrühren. Die saure Sahne darunterziehen und alles nochmals etwa 5 Minuten bei milder Hitze garen.

Hauptgerichte

Spareribs

braucht Zeit
4 Personen

1 TL gehackter Thymian
1 TL gemahlener Majoran
½ TL Rosmarinblättchen
1 ½ EL englisches Senfpulver
Salz, gemahlener Pfeffer
6–8 EL Öl
2 kg Spareribs

Den Backofen auf 180 °C vorheizen. Kräuter und Senfpulver sowie etwas Salz und Pfeffer gründlich mit dem Öl verrühren. Die Spareribs rundherum mit der Mischung bestreichen. Sie dann auf einen Gitterrost über einer Fettpfanne in den Ofen legen und etwa 1½ Stunden garen.

4 Knoblauchzehen
1 kleine Zwiebel
100 g Karotten

Inzwischen den Fond zubereiten. Dafür die Knoblauchzehen und die Zwiebel schälen und beides fein hacken. Die Karotten schälen, waschen und in Scheiben schneiden.

150 ml Geflügelfond
(aus dem Glas)
2 EL Tomatenmark
1 EL flüssiger Honig
1 TL Worcestershiresauce
1 EL milder Essig

Das Gemüse zusammen mit Geflügelfond, Tomatenmark, Honig, Worcestershiresauce und Essig in einem Topf erhitzen und etwa 10 Minuten kräftig kochen lassen. Die Spareribs nach 1 Stunde Garzeit mit dem Fond bepinseln und bis zum Ende der Garzeit immer wieder mit etwas Bratenfett übergießen, um sie zu glasieren. Heiß servieren.
Dazu paßt die Tomaten-Chili-Marmelade von Seite 40.

4 Personen

Rahmgeschnetzeltes mit Frühlingsgemüse

600 g Filetspitzen vom Kalb
2 Schalotten
3 EL Öl
Salz
gemahlener weißer Pfeffer

Das Fleisch waschen, trockentupfen und in Streifen schneiden. Die Schalotten schälen und würfeln. Das Fleisch in einer Pfanne im heißen Öl anbraten. Die Schalotten kurz mitbraten und alles mit Salz sowie Pfeffer würzen. Die Fleischmischung in eine Schüssel geben und zugedeckt warmhalten.

100 ml Weißwein
100 ml Kalbsfond
200 g Sahne
Salz
gemahlener weißer Pfeffer
Saft von 1 Zitrone
evtl. etwas Speisestärke

Den Weißwein in die Pfanne geben und etwas einkochen lassen. Kalbsfond und Sahne dazugeben und die Sauce sämig einkochen lassen. Mit Salz, Pfeffer und Zitronensaft abschmecken. Die Sauce eventuell mit etwas mit kaltem Wasser angerührter Speisestärke binden.

50 g Zuckerschoten
16 kleine Fingermöhren
4 weiße Spargelstangen
Salz

Zuckerschoten, Möhren und Spargel waschen, putzen und gegebenenfalls schälen. Das Gemüse dann in Salzwasser bißfest blanchieren und in Eiswasser abschrecken. Den Spargel in 4 cm lange Stücke schneiden.

1 EL gehackte Petersilie
2 EL geschlagene Sahne
1 EL Kerbelblättchen

Das Gemüse zusammen mit dem Fleisch in der Sahnesauce kurz erwärmen. Die Petersilie und die Sahne darunterheben. Mit den Kerbelblättchen garnieren.

4 Personen

Eierspätzle in Muskatbutter

4 Eier
140 g Mehl
Salz
etwas gemahlene Muskatnuß

Die Eier in einer Schüssel schaumig rühren. Nach und nach das Mehl dazugeben. Den Teig mit einem Kochlöffel so lange schlagen, bis er Blasen wirft. Ihn dann mit etwas Salz und Muskat würzen.

Salz

Reichlich Salzwasser zum Kochen bringen. Ein Spätzlebrett hineintauchen, etwas Teig auf das nasse Brett geben und mit einem Spätzlemesser rasch feine Spätzle in das kochende Wasser schaben. Sobald die Spätzle an die Oberfläche steigen, sie mit einer Schaumkelle herausnehmen, abschrecken und dann auf einem Küchentuch abtropfen lassen.

60 g Butter
etwas gemahlene Muskatnuß
Salz
1 EL gehackte, glatte Petersilie

Die Butter in einer Pfanne aufschäumen lassen und mit Muskat sowie Salz kräftig würzen. Die Spätzle in der Butter schwenken und zum Schluß die Petersilie darunterheben.

H·a·u·p·t·g·e·r·i·c·h·t·e

braucht Zeit
4 Personen

Lammrollbraten mit Rotweinsauce

1,5 kg ausgelöste Lammschulter *Salz* *gemahlener schwarzer Pfeffer* *2 gehackte Knoblauchzehen* *2 EL Thymianblättchen* *Alufolie*	Das Lammfleisch waschen, gut trockentupfen und mit Salz, Pfeffer, Knoblauch und Thymian einreiben. In Alufolie einschlagen und etwa 2 Stunden marinieren lassen.
2 altbackene Brötchen *100 ml Milch* *3 EL Butter* *1 mittelgroße Schalotte*	Inzwischen die Brötchen entrinden, würfeln und in eine Schüssel geben. Die Milch erwärmen und darübergießen. Die Butter erhitzen. Die Schalotte schälen, würfeln und in der Butter glasig braten. Dann zu den Brötchen geben.
100 g Lammhackfleisch *1 Eigelb* *1 gehackte Knoblauchzehe* *1 EL abgeriebene Schale einer unbehandelten Zitrone* *etwas gemahlener Thymian* *Salz* *gemahlener schwarzer Pfeffer*	Den Backofen auf 180 °C vorheizen. Das Lammhackfleisch mit Eigelb, Knoblauch, Zitronenschale und Thymian verkneten. Mit Salz und Pfeffer würzen, dann mit der Brötchenmasse gut mischen.
1 EL mittelscharfer Senf *Küchengarn*	Eine Seite des Lammfleischs zuerst mit Senf, dann mit der Hackmasse bestreichen. Das Fleisch mit der bestrichenen Seite nach innen zusammenrollen und mit Küchengarn zubinden.
2 EL Öl *300 g zerhackte Lammknochen* *300 g Röstgemüse* *1 EL Tomatenmark* *200 ml Rotwein* *1 l Lammfond (aus dem Glas)* *3 Thymianzweige*	Das Öl in einem großen Bräter erhitzen. Fleisch und Knochen zusammen darin anbraten. Röstgemüse sowie Tomatenmark dazugeben und anbräunen. Das Ganze mit dem Rotwein ablöschen und diesen einkochen lassen. Den Lammfond und die Thymianzweige dazugeben und das Fleisch im Ofen etwa 1 Stunde zugedeckt garen.
1 zerdrückte Knoblauchzehe *½ EL abgeriebene Schale einer unbehandelten Zitrone* *2 EL Thymianblättchen* *2 EL schwarze Oliven*	Nach der Garzeit das Fleisch herausnehmen und zugedeckt warm stellen. Die Sauce durch ein feines Sieb passieren, erneut erhitzen und etwas einkochen lassen. Sie dann mit Knoblauch, Zitronenschale und Thymianblättchen abschmecken. Die Oliven vierteln, entsteinen und in die Sauce geben. Diese zusammen mit dem aufgeschnittenen Fleisch servieren. Dazu paßt Bohnen-Tomaten-Gemüse.

Hauptgerichte

Lammfilets mit Bratkartoffel-Rettich-Salat

geht schnell
4 Personen

250 g Kartoffeln
1 Rettich
ca. 6 EL Öl

Die Kartoffeln und den Rettich schälen, beides in Scheiben schneiden. Die Kartoffeln im Öl kräftig anbraten. Dann abtropfen lassen und in einer Schüssel mit den Rettichscheiben mischen.

12 Lammfilets
2 EL Olivenöl
2 Rosmarinzweige
2 Knoblauchzehen
Alufolie

Den Backofen auf 130 °C vorheizen. Die Lammfilets waschen, gut trockentupfen und im Olivenöl zusammen mit den Rosmarinzweigen und den geschälten Knoblauchzehen anbraten. Sie dann in Alufolie einschlagen und im Ofen etwa 8 Minuten garen.

2 EL Schalottenwürfel
2 EL Öl
100 ml Fleischbrühe
3 EL Weißweinessig
2 EL Tomatenwürfel
Salz
gemahlener schwarzer Pfeffer
gemahlener Rosmarin

Inzwischen die Schalottenwürfel im Öl anbraten. Mit Brühe und Essig ablöschen, die Tomatenwürfel dazugeben und die Marinade mit Salz, Pfeffer sowie Rosmarin würzen.

2 EL Schalottenringe
1 EL gehackte Petersilie

Die Marinade über den Kartoffel-Rettich-Salat gießen und diesen vorsichtig mischen. Die Schalottenringe in der Petersilie wälzen und den Salat damit garnieren. Ihn zusammen mit den Lammfilets anrichten.

Mein Tip

Wenn man an Rettich denkt, dann fallen einem fast automatisch Bayern und seine berühmte Brotzeit ein. Nur wenige wissen jedoch, daß der Rettich ursprünglich aus Vorderasien stammt und erst im 13. Jahrhundert den Weg nach Europa fand. Rettich gilt seit altersher als vielseitig wirkende Medizin - er fördert den Appetit und die Sekretion der Verdauungssäfte. Auch bei Leber- und Gallenleiden wird er immer wieder empfohlen.

H·a·u·p·t·g·e·r·i·c·h·t·e

LAMMSTELZEN AUF GRÜNKOHL

4 Personen

4 Lammstelzen à ca. 400 g *2 Lorbeerblätter* *6 zerdrückte Pimentkörner* *2 EL Öl* *200 g gewürfeltes Suppengemüse*	Den Backofen auf 180 °C vorheizen. Die Lammstelzen waschen und gut trockentupfen. Sie in einem großen Bräter zusammen mit den Lorbeerblättern und den Pimentkörnern im Öl von allen Seiten anbraten. Das Suppengemüse dazugeben und mitbraten.
1 EL Tomatenmark *200 ml Rotwein* *300 ml Gemüsebrühe*	Das Tomatenmark einrühren, kurz mitrösten, mit dem Rotwein ablöschen und diesen etwas einkochen lassen. Die Brühe angießen und den Bräter in den Ofen stellen. Das Fleisch etwa 1 Stunde und 10 Minuten braten.
200 g Grünkohl *3 EL Butter* *50 g gewürfelte Schalotten* *etwas gemahlener Piment* *Salz, gemahlener Pfeffer* *1 Prise Zucker* *50 ml Gemüsebrühe* *2 EL eiskalte Butter, in Würfeln*	Den Grünkohl vom Strunk befreien. Die Blätter waschen, grob hacken und in der Butter andünsten. Die Schalottenwürfel dazugeben und kurz mitdünsten. Das Gemüse mit gemahlenem Piment, Salz, Pfeffer sowie Zucker würzen. Die Brühe angießen und den Grünkohl zugedeckt etwa 7 Minuten dünsten. Ihn dann vom Herd nehmen und die kalte Butter einrühren, um so die Sauce zu binden. Zugedeckt warmhalten.
1 TL Speisestärke *etwas gemahlener Piment*	Das Fleisch aus dem Bräter nehmen. Die Sauce durch ein Sieb passieren und erneut erhitzen. Die Speisestärke mit etwas Wasser glattrühren, die Sauce damit binden und mit etwas Piment abschmecken. Das Fleisch zusammen mit der Sauce und dem Grünkohl servieren.

GRIESSNOCKERL MIT THYMIAN

4 Personen

100 g weiche Butter *2 Eier, 1 Eigelb* *150 g Hartweizengrieß* *Salz* *1 TL Zitronenthymianblättchen* *Klarsichtfolie*	Die Butter zusammen mit den Eiern und dem Eigelb schaumig rühren. Grieß, etwas Salz und die Thymianblättchen daruntermischen. Den Teig mit Klarsichtfolie abdecken und etwa 1½ Stunden im Kühlschrank ruhen lassen. Danach reichlich Salzwasser zum Kochen bringen. Aus dem Grießteig mit 2 Eßlöffeln kleine Nockerl abstechen und diese im leicht siedenden Wasser (es darf nicht kochen) 4 bis 5 Minuten ziehen lassen.
50 g geklärte Butter *evtl. 1 EL gehackte Petersilie*	Die Nockerl herausnehmen, gut abtropfen lassen und in der geklärten Butter goldgelb braten. Eventuell mit der Petersilie bestreuen.

Hauptgerichte

SEETEUFEL MIT SAFRANSAUCE

4 Personen

1 kg Seeteufelmedaillons *Salz* *gemahlener schwarzer Pfeffer* *2 Schalotten*	Den Backofen auf 150 °C vorheizen. Die Fischmedaillons waschen, trockentupfen und mit Salz sowie Pfeffer würzen. Die Schalotten schälen und in kleine Würfel schneiden.
3 EL Butter *½ TL Safranfäden* *100 ml Riesling*	Die Butter in einer feuerfesten Pfanne erhitzen und die Fischmedaillons darin kurz anbraten, dann herausnehmen. Die Schalotten in der Butter anbraten. Den Safran hineinrühren, alles mit dem Riesling ablöschen und das Ganze auf die Hälfte einkochen lassen.
150 ml Fischfond (aus dem Glas) *50 g rote Paprikaschote*	Den Fischfond angießen, die Fischstücke dazugeben und etwa 2 Minuten dünsten. Dann die Pfanne verschließen und für etwa 4 Minuten in den Ofen stellen. Inzwischen die Paprikaschote putzen, waschen und in Würfel schneiden.
120 g Sahne *50 g eiskalte Butter, in Stückchen*	Die Fischmedaillons aus dem Fond nehmen und zugedeckt warmstellen. Die Sahne zum Fischfond geben und diesen gut einkochen lassen. Dann vom Herd ziehen. Die kalte Butter in Stückchen hineinrühren und die Sauce so binden.
1 TL Kerbelblättchen	Die Sauce zusammen mit den Paprikawürfeln und den Fischmedaillons anrichten. Zuletzt mit dem Kerbel bestreuen.

RISOTTO MIT PINIENKERNEN

4 Personen

200 g Risottoreis *(Rundkornreis, z.B. Carnaroli)* *1 Schalotte* *3 EL Pinienkern- oder Olivenöl* *100 ml Weißwein*	Den Reis in einem Sieb heiß abspülen. Die Schalotte schälen, würfeln und im Öl andünsten. Den Reis dazugeben, glasig dünsten und dann mit dem Wein ablöschen.
400 ml Gemüsebrühe *Salz* *gemahlener schwarzer Pfeffer*	Die Gemüsebrühe nach und nach unter Rühren angießen und das Risotto 15 bis 20 Minuten offen köcheln lassen. Zwischendurch öfter gut umrühren. Das fertige Risotto mit Salz und Pfeffer abschmecken.
1 EL Butterflöckchen *4 EL gehackte, geröstete Pinienkerne* *1 EL gehackte Petersilie* *2 EL geriebener Parmesan* *2 EL geschlagene Sahne*	Zuletzt Butterflöckchen, Pinienkerne, Petersilie, Parmesan und geschlagene Sahne vorsichtig unter das Risotto heben.

H·a·u·p·t·g·e·r·i·c·h·t·e

4 Personen

HEILBUTTCURRY MIT FRITIERTEN GLASNUDELN

400 g Heilbuttfilet
1 Babyananas
½ säuerlicher Apfel
½ Banane

Den Heilbutt waschen, trockentupfen und in 2 cm große Würfel schneiden. Von der Ananas den Schopf und den Boden abschneiden und das Mittelstück gut schälen. Es dann vierteln, die inneren Struntkteile abschneiden und das Fruchtfleisch würfeln. Den Apfel waschen, halbieren, entkernen und in kleine Würfel schneiden. Die geschälte Banane ebenfalls würfeln.

100 ml Fischfond
200 g Kokoscreme (als Block)
2 EL selbstgemachtes Currypulver (siehe Rezept „Singapurnudeln", 1. Rezeptschritt)
3 Kaffir-Zitronenblätter
Salz
gemahlener schwarzer Pfeffer

Den Fischfond in einem Topf erhitzen und die Kokoscreme darin bei mittlerer Hitze unter Rühren auflösen. Das Currypulver sowie das Obst und die gewaschenen Zitronenblätter dazugeben. Alles langsam sämig einköcheln lassen. Dann mit Salz und Pfeffer abschmecken.

20 g Glasnudeln
⅛ l Öl
Salz

Die Glasnudeln im heißen Öl goldgelb fritieren, auf Küchenkrepp gut abtropfen lassen und leicht salzen.

Salz
gemahlener schwarzer Pfeffer

Die Heilbuttwürfel mit Salz und Pfeffer würzen und in einem chinesischen Bambuskörbchen oder in einem Siebeinsatz über Wasserdampf bei mittlerer Hitze 3 bis 4 Minuten dämpfen. Den Fisch in die Currysauce geben und in tiefen Tellern anrichten. Mit den fritierten Glasnudeln bestreuen.
Servieren Sie dazu Basmatireis.

Mein Tip

In Asien gibt es unzählig verschiedene Nudelsorten, unter anderem auch die Glasnudeln. Diese werden aus gemahlenen Mungobohnen hergestellt und sind geschmacksneutral. Sie nehmen aber sehr leicht das Aroma anderer Zutaten und Gewürze an. In Asien werden Glasnudeln entweder kurz in Wasser eingeweicht, bis sie geschmeidig sind, und dann kleingeschnitten, oder man fritiert sie, wie hier im Rezept geschehen, aus.

H·a·u·p·t·g·e·r·i·c·h·t·e

Scampi auf Knoblauchnudeln

4 Personen

12 Scampi (Tiefseegarnelen), ca. 100 g je Stück	Von den Scampi jeweils mit einer raschen Drehung die Köpfe abtrennen. Die Schwänze von den Schalen befreien. Die Rücken jeweils längs aufschneiden und die dunklen Därme unter fließendem Wasser herauswaschen. Die Scampi gut trockentupfen.
2 EL Olivenöl *Salz* *gemahlener schwarzer Pfeffer* *etwas gemahlener Knoblauch*	Das Olivenöl in einer Pfanne erhitzen und die Scampi darin knusprig braten. Mit Salz, Pfeffer und Knoblauch würzen. Dann herausnehmen und zugedeckt warmstellen.
200 g schmale Bandnudeln *Salz*	Die Bandnudeln in reichlich Salzwasser bißfest garen. Anschließend abgießen, kalt abspülen und gut abtropfen lassen.
2 Knoblauchzehen *1 EL Olivenöl* *Salz* *gemahlener schwarzer Pfeffer* *etwas gemahlener Knoblauch*	Die Knoblauchzehen schälen, in feine Scheiben schneiden und im Olivenöl anbraten. Die Nudeln dazugeben, das Ganze gut mischen und mit Salz, Pfeffer sowie Knoblauch nachwürzen. Dann aus der Pfanne nehmen und zugedeckt warmstellen.
1 Tomate *100 g grüne Zucchini* *100 g gelbe Zucchini* *1 EL Olivenöl* *etwas gemahlener Knoblauch* *Salz* *gemahlener schwarzer Pfeffer* *1 EL Thymianblättchen*	Die Tomate über Kreuz einritzen, kurz überbrühen, abschrecken und enthäuten. Sie dann halbieren, entkernen und in Streifen schneiden. Die Zucchini putzen, waschen, in feine Scheiben schneiden und in der Pfanne im Olivenöl braten. Mit Knoblauch, Salz und Pfeffer abschmecken. Die Tomatenstreifen und die Thymianblättchen darunterheben. Zum Schluß Scampi, Nudeln und Zucchinigemüse zusammen auf 4 Tellern anrichten.

Hauptgerichte

Mit Basilikum gratinierter Lachs

4 Personen

1 EL Butter	Den Backofengrill vorheizen. Die Schalottenwürfel in der Butter andünsten. Fischfond, Wein und Sahne dazugießen und alles auf die Hälfte einkochen lassen. Mit Salz und Pfeffer abschmecken. Die Sauce pürieren, durch ein feines Sieb passieren und die kalte Butter in kleinen Stücken mit dem Pürierstab daruntermixen. Das Eigelb mit der Sahne verquirlen und unter die heiße, aber nicht mehr kochende Fischsauce mixen. Die geschlagene Sahne darunterheben.
1 Schalotte, gewürfelt	
100 ml Fischfond	
100 ml Weißwein	
100 g Sahne	
Salz	
gemahlener weißer Pfeffer	
2 EL eiskalte, gesalzene Butter	
1 Eigelb	
2 EL Sahne	
1 EL geschlagene Sahne	

3 EL Butter
Salz
gemahlener schwarzer Pfeffer
600 g Lachsfilet
2 EL gehacktes Basilikum

4 Teller mit der Butter einfetten und mit Salz sowie Pfeffer bestreuen. Den Lachs in dünne Scheiben schneiden und diese jeweils in Form einer Rosette auf die Teller legen. Das gehackte Basilikum darübergeben.

Basilikumblätter zum Garnieren

Die Gratiniersauce über den Lachs geben, die Teller unter den Grill schieben und den Lachs gratinieren, bis er eine schöne Farbe hat. Dann mit den Basilikumblättern garnieren.

Chili-Basilikum-Nudeln

4 Personen

125 g feines Weizenmehl
125 g Hartweizengrieß
1 Ei
2 Eigelbe
1 EL Olivenöl
Salz

Mehl und Grieß zusammen auf eine Arbeitsplatte sieben und in die Mitte eine Mulde drücken. Das Ei mit den Eigelben, Olivenöl und etwas Salz verrühren und in die Mulde geben. Die Eiermischung von innen nach außen mit etwas Mehl vermengen.

2 EL feingeschnittenes Basilikum
1 Prise Chilipulver
Frischhaltefolie

Dann das Basilikum und etwas Chilipulver dazugeben und das restliche Mehl gut unterkneten. Den Teig zu einer Kugel formen und in Frischhaltefolie eingewickelt etwa 2 Stunden ruhen lassen.

Salz

Den Teig mit der Nudelmaschine oder mit dem Nudelholz sehr dünn ausrollen und zu feinen Bandnudeln schneiden. Diese in kochendem Salzwasser in etwa 3 Minuten bißfest garen.

Olivenöl

Die Nudeln abgießen, gut abtropfen lassen und kurz in einer Pfanne im heißen Olivenöl schwenken. Zuletzt mit Salz leicht würzen.

Hauptgerichte

SEETEUFELSCHEIBEN IN PESTO

4 Personen

½ Bund Basilikumblätter (oder 3 Töpfchen) 150 ml Olivenöl 1 Knoblauchzehe Salz gemahlener weißer Pfeffer	Für das Pesto die Basilikumzweige waschen, gut trockentupfen und die Blättchen abzupfen. Die Blätter zusammen mit dem Olivenöl im Mixer fein pürieren. Die Knoblauchzehe schälen, zerdrücken und daruntermixen. Das Pesto mit Salz sowie Pfeffer abschmecken.
4 EL Pinienkerne 3 EL frisch geriebener Parmesan	Die Pinienkerne in einer Pfanne ohne Fettzugabe hellbraun rösten. Dann zum Pesto geben und alles nochmals fein pürieren. Das Pesto in eine Schüssel geben und mit dem Parmesan gut verrühren.
1 Seeteufel à 500–600 g, bereits vom Fischhändler in die 2 Filetstränge filetiert	Die Seeteufelstränge waschen, gut trockentupfen und in Scheiben schneiden. Diese leicht plattieren.
4 weiße Spargelstangen 4 grüne Spargelstangen Salz	Die Spargelstangen waschen. Die weißen Stangen schälen. Weiße und grüne Stangen unten leicht kürzen und dann in etwa 4 cm lange Stücke schneiden. Die 8 Kopfstücke kurz in Salzwasser blanchieren.
2 Tomaten	Die Tomaten über Kreuz einritzen, kurz überbrühen, abschrecken, enthäuten und vierteln. Sie dann entkernen und in Streifen schneiden.
2 EL Olivenöl zum Braten Salz gemahlener schwarzer Pfeffer	Die Seeteufelscheiben in einer beschichteten Pfanne in dem Olivenöl braten. Dann herausnehmen. Die Spargelstücke (nicht die Spargelköpfe) in der Pfanne kurz anbraten und mit Salz sowie Pfeffer würzen. Die Pfanne vom Herd ziehen.
Basilikumblättchen zum Garnieren	Die Fischscheiben und die blanchierten Spargelköpfe in die Pfanne geben, das nochmals aufgemixte Pesto darübergießen und alles gut durchschwenken. Das Gericht auf 4 Tellern anrichten und mit den Basilikumblättchen garnieren. Dazu paßt italienisches Weißbrot.

H·a·u·p·t·g·e·r·i·c·h·t·e

SINGAPURNUDELN MIT CURRY

braucht Zeit
4 Personen

3 getrocknete Chilischoten
1 EL Korianderkörner
1 TL Senfkörner
3 Sternanis
½ Zimtstange
6 Gewürznelken
½ TL Ingwerpulver
½ TL Kurkumapulver

Für die Currymischung Chilischoten, Koriander, Senfkörner, Sternanis, Zimt und Gewürznelken in einer Pfanne ohne Fettzugabe rösten, bis die Gewürze duften. In eine Mühle oder in einen Mörser geben und fein mahlen. Dann mit dem Ingwer- und dem Kurkumapulver mischen (luftdicht und dunkel gelagert, läßt sich die Mischung bis zu 3 Monaten aufbewahren).

je 50 g rote und grüne Paprikaschoten
40 g Frühlingszwiebeln
1 großes Mangoldblatt
1 großes Chinakohlblatt
2 EL frische Sojasprossen
2 EL chinesische Pilze (z.B. Shiitake)

Die Paprikaschoten putzen, waschen und in Streifen schneiden. Die Frühlingszwiebeln waschen, putzen und in Ringe schneiden. Das Mangold- und das Chinakohlblatt waschen, trockentupfen und in feine Streifen schneiden. Die Sprossen heiß abspülen und gut abtropfen lassen. Die Pilze säubern und putzen.

4 EL Sesamöl
200 g gegarte chinesische Eiernudeln
½ TL Knoblauchpaste
Salz

Das Öl in einem Wok erhitzen. Paprika, Frühlingszwiebeln und Pilze darin anbraten. Die Nudeln hinzufügen. Das Ganze mit 3 Teelöffeln der Gewürzmischung sowie mit der Knoblauchpaste und etwas Salz würzen. Mangold- und Chinakohlstreifen sowie Sojasprossen darunterheben und alles nochmals abschmecken.

SPIRALNUDELN MIT STEINPILZEN

4 Personen

350 g Spiralnudeln
Salz
2 TL Olivenöl

Die Spiralnudeln in Salzwasser, dem das Olivenöl zugegeben wurde, bißfest kochen.

300 g kleine Steinpilze
3 EL geklärte Butter
1 Schalotte, gewürfelt
1 Knoblauchzehe, feingehackt

Inzwischen die Steinpilze säubern, putzen und in Scheiben schneiden. Die geklärte Butter in einer Pfanne erhitzen und die Pilze darin anbraten. Schalotte und Knoblauch hinzufügen und alles kurz weiterbraten.

gemahlene Muskatnuß
Salz
gemahlener weißer Pfeffer
100 g Crème double
1 EL Blättchen glatte Petersilie
1 EL geschlagene Sahne

Die Pilzmischung mit Muskat, Salz und Pfeffer würzen. Die Crème double dazugeben und die Sauce etwas einkochen lassen. Die Nudeln unter die Pilzsauce heben. Zuletzt die Petersilienblättchen und die geschlagene Sahne vorsichtig einrühren.

Hauptgerichte

geht schnell
4 Personen

Gemischte Pilze aus dem Wok

80 g Austernpilze
80 g Shiitakepilze
80 g Champignons
2 Schalotten
1 Knoblauchzehe

Von allen Pilzen die Stiele entfernen und die Hütchen säubern. Die Austernpilze in etwa 3 cm große Würfel schneiden. Die Shiitakepilze halbieren, die Champignons vierteln. Die Schalotten und den Knoblauch schälen. Die Schalotten in feine Stifte schneiden, den Knoblauch fein hacken.

4 EL Erdnußöl
1 EL Sojasauce
1 EL Korianderblättchen
Salz
gemahlener Koriander

Das Öl in einem Wok oder in einer großen Pfanne erhitzen und die Pilze darin unter Rühren etwa 3 Minuten braten. Schalotten und Knoblauch hinzufügen, die Hitze reduzieren und alles mit der Sojasauce ablöschen. Die gewaschenen Korianderblättchen fein hacken und dazugeben. Die Pilze mit Salz und gemahlenem Koriander abschmecken.

1 Bd. Koriandergrün
150 ml Öl

Die Korianderblättchen von den Stielen zupfen. Das Öl erhitzen und die Korianderblättchen darin in 3 bis 4 Sekunden kroß fritieren. Auf die gebratenen Pilze streuen.
Dazu passen gebratene Eiernudeln.

Asiatisches Gemüse mit Kurkuma

4 Personen

je 100 g Keniabohnen, kleine Maiskölbchen, Zuckerschoten, Karotten und Rettich
je 100 g grüner und weißer Spargel
je 100 g rote und gelbe Paprikaschoten
1 mittelgroße Zwiebel
100 g Zucchini
100 g Tofu
12 Kirschtomaten

Alle Gemüsesorten putzen, waschen, gegebenenfalls schälen und in etwa 4 cm lange, dünne Stifte schneiden. Den Tofu in 2 cm große Würfel schneiden. Die Kirschtomaten über Kreuz einritzen, kurz überbrühen, abschrecken und enthäuten.

4 EL Öl
1 EL feingehackte Ingwerwurzel
2 feingehackte Knoblauchzehen

Das Öl in einem Wok oder in einer hohen Pfanne erhitzen. Ingwer, Knoblauch, Keniabohnen, Spargel und Rettich darin bei mittlerer Hitze unter Rühren bißfest garen. Die Tofuwürfel und das übrige Gemüse bis auf die Tomaten dazugeben.

1 EL Kurkumapulver
1 TL Fünf-Gewürz-Pulver
1 EL Kokosraspel
100 ml Hühnerbrühe
Salz
gemahlener schwarzer Pfeffer
1 EL Kartoffelstärke

Kurkumapulver, Fünf-Gewürz-Pulver und Kokosraspel in den Wok einstreuen und alles umrühren. Das Gemüse mit der Brühe ablöschen und mit Salz sowie Pfeffer würzen. Die Kartoffelstärke mit etwas Wasser glattrühren und das Ganze damit leicht binden.

1 EL geröstete dunkle Sesamsamen

Zum Schluß die Tomaten unterheben und das Gemüsegericht mit den Sesamsamen bestreuen.

Gebratene Nudeln

4 Personen

120 g Singapurnudeln (feine asiatische Weizennudeln)
Salz
1 rote Chilischote

Die Singapurnudeln in Salzwasser nach Packungsanweisung bißfest kochen, kalt abspülen, sorgfältig abtropfen lassen und gut trockentupfen. Inzwischen die Chilischote halbieren, entkernen, waschen und fein hacken.

4 EL Sesamöl
Salz
etwas gemahlener Ingwer

Das Öl in einer Pfanne erhitzen und die Nudeln darin anbraten. Mit Salz und Ingwer würzen. Die Chilistückchen dazugeben und alles gut durchschwenken.

1 Ei

Das Ei gut verquirlen und über die Nudeln gießen. Das Ganze wie einen Pfannkuchen kroß braten, wenden und von der zweiten Seite ebenfalls braten. Die gebratenen Nudeln aus der Pfanne nehmen und in 4 Portionen teilen.

H·a·u·p·t·g·e·r·i·c·h·t·e

Kartoffel-Sauerkraut-Auflauf mit Limetten-Crème-fraîche

4 Personen

100 g Schalotten
4 EL Butter
4 EL Mehl
200 g Sahne
Salz
gemahlener weißer Pfeffer

Die Schalotten schälen und fein würfeln. Die Butter in einem Topf erhitzen und die Schalotten darin glasig dünsten. Das Mehl darübersieben, unter Rühren anschwitzen lassen und dann die Sahne angießen. Die Mischung glattrühren, mit Salz sowie Pfeffer würzen und bei milder Hitze etwa 10 Minuten köcheln lassen.

400 g Sauerkraut, abgespült
1 EL grobgemahlener Kümmel

Das Sauerkraut abtropfen lassen und kleinschneiden. Zusammen mit dem Kümmel zur Schalotten-Sahne-Mischung geben und das Ganze gut vermengen.

200 g Kartoffeln
100 g Petersilienwurzel
Salz
4 Eiweiß

Den Backofen auf 170 °C vorheizen. Die Kartoffeln schälen und würfeln. Die Petersilienwurzel schälen und ebenfalls würfeln. Beides in Salzwasser bißfest garen. Dann abgießen, kalt abschrecken, abtropfen lassen und zum Sauerkraut geben. Die Eiweiße zusammen mit etwas Salz steifschlagen. Den Eischnee unter die Sauerkrautmischung ziehen.

Butter und Semmelbrösel für die Form

Eine Auflaufform mit Butter ausfetten und mit Semmelbröseln ausstreuen. Die Sauerkrautmasse hineinfüllen und glattstreichen. Die Form in ein Wasserbad stellen, das Ganze in den Ofen geben und den Auflauf darin etwa 40 Minuten garen.

200 g Crème fraîche
Saft und feine Schalenstreifen von 1 Limette
gemahlener weißer Pfeffer
Salz

Die Crème fraîche mit dem Limettensaft und der -schale verrühren. Mit Pfeffer sowie Salz abschmecken und als Sauce zum Auflauf reichen.

Feldsalat mit Kreuzkümmelvinaigrette

4 Personen

160 g Feldsalat
2 Schalotten
½ TL Kreuzkümmel

Den Feldsalat verlesen, putzen, gut waschen und trockenschleudern. Die Schalotten schälen und fein würfeln. Den Kreuzkümmel fein mahlen und in einer Pfanne ohne Fettzugabe leicht rösten, bis er duftet.

Salz
gemahlener schwarzer Pfeffer
4 EL Geflügelbrühe
4 EL Rotweinessig
1 TL flüssiger Honig
8 EL Distelöl
1 EL gehackte Petersilie

Die Schalotten mit dem Kümmel, etwas Salz und Pfeffer mischen. Die Brühe und den Essig dazugeben und alles gut verrühren. Den Honig und das Distelöl unter Rühren einlaufen lassen. Dann die Petersilie darunterrühren. Den Feldsalat gut mit der Marinade mischen und sofort servieren.

H·a·u·p·t·g·e·r·i·c·h·t·e

D · e · s · s

4 Personen

MANGOSORBET MIT ZWEI VERSCHIEDENEN SAUCEN

300 g geschältes Mangofruchtfleisch (ca. 1½ Früchte)
4 EL weißer Portwein
60 g Zucker

Für das Sorbet die Mango kleinschneiden und im Mixer fein pürieren. Den Portwein dazugeben und alles nochmals mixen. Den Zucker in 50 ml Wasser erwärmen, bis er sich aufgelöst hat, dann zum Mangopüree geben und alles nochmals mixen. Die Sorbetmasse in eine Eismaschine geben und gefrieren lassen. (Falls Sie keine Eismaschine haben, die Masse in eine flache Schale geben und zugedeckt ins Tiefkühlfach stellen. Die Masse während der etwa 2 Stunden Gefrierzeit etwa alle 20 Minuten mit einem Schneebesen oder mit einer Gabel kräftig durchrühren.)

200 g geschältes Mangofruchtfleisch (ca. 1 Frucht)
3–4 EL Puderzucker
Saft von 1 Zitrone

Für die Mangosauce das Mangofleisch kleinschneiden und im Mixer fein pürieren. Puderzucker und Zitronensaft dazugeben, alles mischen und durch ein feines Sieb streichen.

200 g Naturjoghurt
4 EL flüssiger Honig
1 Msp. Vanillemark
feingehackte Schale von ½ unbehandelten Zitrone

Für die Joghurtsauce den Joghurt mit Honig, Vanillemark und Zitronenschale glattrühren.

1 reife Mango

Zum Anrichten die Mango schälen und das Fruchtfleisch in 2 Stücken vom Stein abschneiden. Die Hälften dann in dünne Spalten schneiden. Diese jeweils als Fächer auf 4 Teller legen. Die zwei verschiedenen Saucen auf die Teller geben und mit einem Holzstäbchen so ineinander verziehen, daß ein attraktives Muster entsteht. Aus der Sorbetmasse mit einem Eßlöffel Nocken abstechen und diese auf die Teller setzen.

Mein Tip

Mangos wurden schon vor etwa 4000 Jahren an den fruchtbaren Ufern des Ganges kultiviert. Der köstliche Geschmack hat ihr den Namen „Königin der Früchte" eingebracht. Im allgemeinen schmecken die grünlich-braunen Früchte besonders süß, die rötlichen Sorten hingegen sind oft ein wenig säuerlicher. Ob Mangos reif sind, erkennt man bei leichtem Druck mit dem Daumen auf die Frucht. Gibt diese leicht nach, ist die Mango reif. Dann sollte sie aber auch möglichst rasch verzehrt werden.

Desserts

Quarkauflauf mit Früchten und Mangosauce

4 Personen

80 g kleine Erdbeeren *80 g Himbeeren* *2 Mangos* *1 Papaya* *1 Babyananas*	Die Beeren waschen, trockentupfen und putzen. Mango und Papaya schälen. Von der Mango das Fruchtfleisch vom Stein abschneiden und kleinwürfeln. Die Papaya halbieren, die schwarzen Kernchen herauskratzen und das Fruchtfleisch ebenfalls würfeln. Von der Ananas Schopf und Boden abschneiden, die Frucht schälen und vierteln. Die harten Innenstrünke herausschneiden und das Fruchtfleisch würfeln.
50 g Puderzucker *4 Eigelbe* *1 Msp. Safranfäden* *abgeriebene Schale von 1 unbehandelten Zitrone* *Mark von 1 Vanilleschote* *240 g Quark, ausgedrückt*	Den Backofen auf 180 °C vorheizen. Den Puderzucker mit den Eigelben und den Safranfäden schaumig schlagen. Zitronenschale, Vanillemark und Quark darunterrühren.
4 Eiweiß *4 EL Zucker*	Die Eiweiße zusammen mit dem Zucker steifschlagen. Die Hälfte davon unter die Quarkmasse rühren, dann den Rest vorsichtig darunterheben.
Butter für die Form *2 EL geröstete Pekannüsse*	Eine feuerfeste Form mit Butter einfetten. Mit den gerösteten Nüssen ausstreuen. Die Quarkmasse darauf geben und glattstreichen. Die Früchte darauf legen. Den Auflauf im Ofen etwa 20 Minuten backen.
100 g Läuterzucker *2 Sternanis* *4 Nelken* *1 Zimtstange* *abgeriebene Schale von 1 unbehandelten Orange*	In der Zwischenzeit den Läuterzucker zusammen mit etwas Wasser aufkochen lassen. Sternanis, Nelken und Zimtstange zusammen grob mahlen. Diese Mischung zusammen mit der Orangenschale in das Zuckerwasser geben und es auf die Hälfte einkochen lassen.
1 Mango, geschält und gewürfelt	Den aromatisierten Zuckersirup durch ein Sieb geben und zusammen mit den Mangostückchen fein pürieren. Die Sauce zusammen mit dem Quarkauflauf anrichten.

Desserts

geht schnell
4 Personen

Nelkensabayon mit Gewürzbirnen

250 ml Weißwein *1 EL Rübensirup* *4 EL Zucker* *Mark von 1 Vanilleschote* *1 Zimtstange* *4 Gewürznelken* *1 Sternanis* *1 EL Zitronensaft* *1 EL Calvados*	Den Weißwein zusammen mit 100 ml Wasser, Rübensirup, Zucker und Vanillemark einmal aufkochen lassen. Zimtstange, Nelken und Sternanis grob mahlen und in den Sud geben. Diesen etwa ½ Stunde ziehen lassen. Dann mit dem Zitronensaft und dem Calvados abschmecken.
400 g leicht säuerliche Birnen *1 EL Zitronensaft* *1 verschließbares Glas*	Den Backofen auf 80 °C vorheizen. Die Birnen schälen, achteln, von den Kerngehäusen befreien und mit dem Zitronensaft beträufeln. In ein Einmachglas füllen und mit dem Sud übergießen. Das Glas in einen mit Papier ausgelegten Topf setzen, diesen zu einem Drittel mit heißem Wasser füllen und das Ganze zugedeckt in den Ofen geben. Die Birnen etwa 25 Minuten garen.
60 g Zucker *10 Nelken* *200 ml Weißwein* *6 frische Eigelbe* *gemahlene Nelken*	Für das Sabayon den Zucker schmelzen lassen und die Nelken darin glasieren. Den Weißwein angießen und alles etwa 20 Minuten ziehen lassen. Dann abseihen. Den Sud zusammen mit den Eigelben im warmen Wasserbad aufschlagen und mit gemahlenen Nelken abschmecken. Zu den Birnen reichen.

Gewürzkuchenschnitten mit Glühweinglasur

braucht Zeit
20 Stücke

300 ml Rotwein
abgeriebene Schale von je ½ unbehandelten Zitrone und Orange
Saft von je ½ Zitrone und Orange
4 EL Zucker
3 gemahlene Gewürznelken
½ Zimtstange
1 Sternanis

Wein, Zitrusschale und -säfte, Zucker, Nelken, Zimt und Anis zusammen in einem Topf erhitzen, aber nicht kochen, und etwa 10 Minuten ziehen lassen. Dann durch Kaffeefilterpapier abgießen und den Glühwein dabei auffangen.

250 g Butter
2 EL Vanillezucker
250 g Zucker
4 Eier
150 g feingeriebene Zartbitterkuvertüre

Den Backofen auf 200 °C vorheizen. Butter, Vanillezucker und Zucker mit den Quirlhaken eines Handrührgeräts schaumig rühren. Unter ständigem Rühren die Eier nacheinander dazugeben. Die Kuvertüre und 125 ml des Glühweins darunterrühren.

250 g Mehl
1 Päckchen Backpulver

Das Mehl mit dem Backpulver mischen und durchsieben. Dann unter Rühren eßlöffelweise zur Eier-Zucker-Masse geben.

Backpapier

Ein Blech mit Backpapier auslegen und den Teig darauf verstreichen. Im Ofen 25 bis 30 Minuten backen. Der Kuchen ist fertig, sobald sich eine zarte Kruste gebildet hat. Ihn dann auf dem Blech abkühlen lassen.

250 g Puderzucker
120 g gehackte, geröstete Mandeln

Den Puderzucker durchsieben und mit 5 bis 6 Eßlöffeln vom Glühwein glattrühren. Die Oberfläche des Kuchens mit der Masse glasieren und mit den Mandeln bestreuen. Sobald die Glasur getrocknet ist, den Kuchen in etwa 20 Stücke schneiden.
Bis zum Verzehr mit Frischhaltefolie abgedeckt in einer Gebäckdose aufbewahren.

Desserts

Rührkuchen mit Anisbirnen

braucht Zeit
8 Stücke

150 g Butter *85 g Zucker* *1 Prise Salz* *1 Päckchen Vanillezucker* *abgeriebene Schale von 1 unbehandelten Orange*	Den Backofen auf 170 °C vorheizen. Die Butter mit den Quirlhaken des Handrührgeräts schaumig rühren. Zucker, Salz, Vanillezucker sowie Orangenschale hinzufügen und darunterrühren.
3 Eier *3 EL Milch* *150 g Mehl* *1 gestrichener TL Backpulver* *3 EL Kartoffelstärke* *1 TL gemahlener Zimt*	Die Eier einzeln darunterrühren, dann die Milch dazugeben. Das Mehl mit Backpulver, Kartoffelstärke und Zimt mischen, durchsieben und unter Rühren eßlöffelweise zur Eier-Butter-Masse geben.
Butter und Semmelbrösel für die Form	Eine Springform (24 cm Durchmesser) mit Butter ausstreichen und mit Semmelbröseln ausstreuen. Den Teig nochmals kräftig durchrühren, dann in die Form füllen und glattstreichen.
700 g Birnen *Saft von 1 Zitrone* *1 EL flüssiger Honig* *1 Prise gemahlener Anis* *Alufolie*	Die Birnen schälen, vierteln, von den Kerngehäusen befreien, fächerförmig einschneiden und mit Zitronensaft beträufeln. Den Honig zusammen mit dem gemahlenen Anis in einer Pfanne erwärmen. Die Birnenfächer darin glasieren. Dann kreisförmig auf dem Teig anordnen. Den Kuchen etwa 1 Stunde backen. Ihn nach ½ Stunde mit Alufolie abdecken, damit er nicht zu sehr bräunt. Den Kuchen in der Form abkühlen lassen.
2 EL Birnengelee *2 EL Butter* *4 EL flüssiger Honig* *2 EL Birnenschnaps* *½ TL gemahlener Zimt* *1 Prise gemahlener Anis*	Das Birnengelee zusammen mit der Butter und dem Honig in einem Topf leicht erwärmen. Den Birnenschnaps daruntermischen. Die Glasur mit Zimt und Anis würzen. Die Springform öffnen und den Tortenring entfernen. Die Glasur mit einem Pinsel auf der Kuchenoberfläche verstreichen.

Desserts

braucht Zeit
8 Stücke

Apfelkuchen mit Ingwer

90 g Butter, 1 Prise Salz
2 EL gemahlene Mandeln
60 g Puderzucker
abgeriebene Schale von 1 unbehandelten Zitrone
100 g Mehl, 50 g Stärkemehl
Frischhaltefolie

Die Zutaten für den Teig rasch verkneten. Den Teig zu einer Kugel formen, in Frischhaltefolie einwickeln und etwa 1 Stunde im Kühlschrank ruhen lassen. Danach den Teig in 2 Teile teilen. Einen Teil auf dem Boden einer Springform (26 cm Durchmesser) ausrollen. Den restlichen Teig zu einer Rolle formen, diese als Rand in die Form legen und leicht andrücken.

80 g Butter
2 EL gemahlene Haselnüsse
2 Eiweiß, 70 g Puderzucker
3 EL Mehl
3 EL gemahlene Mandeln
120 g Apfelmus
4 mittelgroße, geriebene Äpfel
1 TL gemahlener Ingwer
1 TL kandierter Ingwer
100 g Marzipanrohmasse

Den Backofen auf 200 °C vorheizen. Für die Füllung die Butter schmelzen, leicht braun werden und abkühlen lassen. Die Nüsse leicht anrösten. Die Eiweiße zusammen mit dem Puderzucker steifschlagen. Die Butter in den Eischnee unter Schlagen einlaufen lassen. Das Mehl dazusieben, Mandeln und Apfelmus hinzufügen. Äpfel, Nüsse, Ingwerpulver, feingehackten, kandierten Ingwer sowie Marzipanrohmasse in Stückchen dazugeben und das Ganze vorsichtig mischen. Die Füllung gleichmäßig auf dem Teigboden verteilen.

je 50 g Butter und brauner Zucker
3 EL gemahlene Mandeln
3 EL Semmelbrösel
1 Prise gemahlener Ingwer

Butter, Zucker, Mandeln, Semmelbrösel und Ingwer mischen und dann zwischen den Fingern zerreiben, bis Streusel entstehen. Diese auf der Füllung verteilen. Den Kuchen auf der mittleren Einschubleiste 20 bis 25 Minuten backen.

Rezeptverzeichnis

Apfelkuchen mit Ingwer   125

Bauernsalat, Hunsrücker, mit Kümmel-
   vinaigrette   30
Bratkartoffelsalat, lauwarmer   34
Brotsuppe mit Muskat und Kräutern   49

Chili-Basilikum-Nudeln   106

Eierspätzle in Muskatbutter   92
Emmentalerwürfel, gebackene,
   mit Joghurt-Gurken-Dip   57
Enteneintopf mit Kreuzkümmel   82

Feldsalat mit Kreuzkümmelvinaigrette   114
Fetakäse, eingelegter, mit Kirschtomaten   66
Fetakäsesalat   58

Geflügelbrühe mit Koriander und
   Kaninchenfleischbällchen   52
Gemüse, asiatisches, mit Kurkuma   112
Gemüsesuppe mit Ingwer   46
Gewürzkuchenschnitten mit
   Glühweinglasur   122
Grießnockerl mit Thymian   98
Gurken, süß-sauer eingelegte   56

Hähnchenkeulen auf indische Art
   mit Kurkumajoghurt   78
Hefebrot mit Oliven und Oregano   58
Heilbuttcurry mit fritierten Glasnudeln   102
Hühnerbällchen im Reismantel   72
Hühnerleberparfait mit Auslesegelee
   und Traubensalat   38

Kalbsleber mit Birnen, Basilikum
   und Estragon   88
Kalbsmedaillons mit weißer Pfeffersauce
   und Pfifferlingen   83
Kartoffel-Lauch-Suppe mit gebratener
   Blutwurst   48
Kartoffel-Sauerkraut-Auflauf mit
   Limetten-Crème-fraîche   114
Kartoffelwaffeln mit
   Lauch-Schinken-Ragout   42
Knoblauchschaumsuppe   54
Kräutersüppchen, aufgeschlagenes   50
Krautsalat, lauwarmer   66
Kümmelspatzen mit Endiviensalat   60

Lachs, mit Basilikum gratinierter   106
Lachs, roh marinierter, mit Koriander   37
Lammfilets mit Bratkartoffel-Rettich-
   Salat   96
Lammrollbraten mit Rotweinsauce   94
Lammstelzen auf Grünkohl   98

Mangosorbet
   mit zwei verschiedenen Saucen   118

Rezeptverzeichnis

Nelkensabayon mit Gewürzbirnen   121
Nudeln, gebratene   112

Paprikahähnchen mit buntem
   Paprikagemüse   76
Paprikareis   80
Pfannkuchen mit Pilzragout und
   Sauerrahmsauce   36
Pfifferlingskuchen mit Kardamom   69
Pilze, gemischte, aus dem Wok   111
Poularde, geröstete gelbe   80
Putenbrust, gegrillte   40
Putenbruststreifen mit fernöstlich
   gewürztem Gemüse   74

Quarkauflauf mit Früchten
   und Mangosauce   120

Rahmgeschnetzeltes mit Frühlingsgemüse   92
Risotto mit Pinienkernen   100
Roastbeef in der Thymiankruste   84
Rührkuchen mit Anisbirnen   124

Safranreis   72
Scampi auf Knoblauchnudeln   104
Scampi in Kartoffelspaghetti mit
   Pfeffer-Tomaten-Marmelade   62
Schweinefilet mit gefülltem Kohlblatt   86
Seeteufel mit Safransauce   100
Seeteufelscheiben in Pesto   108
Seezungensalat mit Tomaten und
   Frühlingszwiebeln   32

Semmelauflauf mit Äpfeln   86
Shrimpsplätzchen mit feinwürzigem
   Selleriesalat   64
Singapurnudeln mit Curry   110
Spareribs   91
Spiralnudeln mit Steinpilzen   110
Stampfkartoffeln mit grünem Pfeffer
   und Oliven   88
Szegediner Gulasch   90

Tofu, gerösteter, mit Gurke, Kartoffeln
   und Chilikartoffelchips   68
Tomaten-Chili-Marmelade   40
Tomatennudeln mit Chili   65

Ziegenkäsebällchen mit Radieschensalat   61
Zwiebeln, eingelegte, mit Paprika   84

Bezugsquellen für das im Buch abgebildete Besteck
Das Besteck stammt von der Firma WMF:
S. 39: Modell „Virginia", S. 41: Modell „Odéon", S. 53: Modell „Lambris", S. 55: Modell „Virginia", S. 57: Modell „Premiere",
S. 59: Modell „Virginia", S. 61: Modell „Spatenform", S. 63: Modell „Saga", S. 65: Modell „Antwerpen", S. 67: Modell „Balance",
S. 69: Modell „Virginia", S. 73: Modell „Balance", S. 75: Modell „Saga", S. 77: Modell „Odéon", S. 79: Modell „Odéon",
S. 81: Modell „Saga", S. 82: Modell „Sevruga", S. 84: Modell „2500", S. 97: Modell „Taika", S. 99: Modell „Virginia",
S. 113: Modell „Yoyo", S. 115: Modell „Sevruga", S. 119: Modell „Taika", S. 123: Modell „Saga".

Die „Kartoffel-Gemüse-Maschine", welche für das Rezept „Scampi in Kartoffelspaghetti"
auf S. 62 verwendet wird, können Sie über folgende Adresse bestellen:
Johann Lafer's Table d'Or GmbH
Hauptstraße 3
55452 Guldental

Der Verlag dankt den Firmen WMF Aktiengesellschaft in Geislingen/Steige und
Ostmann Gewürze in Bielefeld für die freundliche Unterstützung.

Im FALKEN Verlag sind viele attraktive Titel zum Thema „Essen und Trinken" erschienen.
Bitte fragen Sie in Ihrer Buchhandlung.

> Eine gekürzte Fassung dieses Buches ist unter dem Titel
> „Meisterhaft gewürzt im Handumdrehen von Johann Lafer" (1771) lieferbar.

Dieses Buch wurde auf chlorfrei gebleichtem und säurefreiem Papier gedruckt.

Die Deutsche Bibliothek – CIP-Einheitsaufnahme

Lafer, Johann: Johann Lafer kocht mit Kräutern und Gewürzen. –
Niedernhausen/Ts. : FALKEN 1997
  ISBN 3-8068-7302-X

ISBN 3 8068 7302 X

© 1997 by FALKEN Verlag, 65527 Niedernhausen/Ts.
Die Verwertung der Texte und Bilder, auch auszugsweise, ist ohne Zustimmung des Verlags urheberrechtswidrig und strafbar.
Dies gilt auch für Vervielfältigungen, Übersetzungen, Mikroverfilmung und für die Verarbeitung mit elektronischen Systemen.

Umschlaggestaltung: Peter Udo Pinzer
Redaktion: Birgit Wenderoth
Fachliche Beratung: Holger Jacobs
Herstellung: Sabine Vogt
Umschlagfotos: Friedemann Rink und Susa Kleeberg, Wiesbaden (Kräuterfloor), **TLC-Foto-Studio GmbH,** Velen-Ramsdorf
(Gewürzfloor, Chilischoten und Basilikum) und **Johann Lafer,** Stromberg (Portrait)
Rezeptfotos: TLC-Foto-Studio GmbH, Velen-Ramsdorf; außer S. 37, 41, 43, 49, 57, 59, 61, 65, 82, 90, 91, 111, 121 und 125:
Werner Feldmann, Bodenheim
Weitere Fotos im Innenteil: AKG Photo, Berlin: S. 9 (Bibliotheque Nationale, Paris); **Werner Feldmann,** Bodenheim: S. 1, 11 li., 12,
13, 14, 15, 16, 17 re., 18, 19, 20, 24 li., 25, 26, 126, 127o. und 128; **Johann Lafer,** Stromberg: S. 3, 6, 27 und alle Lafer-Portraits bei
den Tips im Rezeptteil; **Ostmann Gewürze,** Bielefeld: S. 11 re., 17 li., 21, 22 und 24 re.; **TLC-Foto-Studio GmbH,** Velen-Ramsdorf: S. 2/3,
4, 5, 28/29, 44/45, 70/71 und 116/117; **FALKEN Archiv: M. Brauner:** S. 32, 56 und 108 / **W. Feiler:** S. 54, 66 und 118 / **E. Gerlach:** S. 34 /
Grauel + Uphoff: S. 38 / **B. Harms:** S. 52 und 120 / **TLC:** S. 23, 30, 42, 46, 48, 50, 74, 76, 83, 96, 102, 104, 122, 124 und 127u.

Satz: FALKEN Verlag, Niedernhausen/Ts.
Druck: Ernst Uhl, Radolfzell

817 2635 4453 6271